Interdisciplinaridade na História e em outros campos do saber

Dados Internacionais de Catalogação na Publicação (CIP)
(Câmara Brasileira do Livro, SP, Brasil)

Barros, José D'Assunção
  Interdisciplinaridade na História e em outros campos do saber / José D'Assunção Barros. – Petrópolis, RJ : Vozes, 2019.

  Bibliografia.
  ISBN 978-85-326-5992-7

  1. História – Estudo e ensino 2. Historiografia 3. Interdisciplinaridade na educação 4. Pesquisa educacional I. Título.

18-21438   CDD-371.3

Índices para catálogo sistemático:
1. História : Interdisciplinaridade : Educação   371.3

Maria Alice Ferreira – Bibliotecária – CRB-8/7964

José D'Assunção Barros

Interdisciplinaridade na História e em outros campos do saber

Petrópolis

© 2019, Editora Vozes Ltda.
Rua Frei Luís, 100
25689-900 Petrópolis, RJ
www.vozes.com.br
Brasil

Todos os direitos reservados. Nenhuma parte desta obra poderá ser reproduzida ou transmitida por qualquer forma e/ou quaisquer meios (eletrônico ou mecânico, incluindo fotocópia e gravação) ou arquivada em qualquer sistema ou banco de dados sem permissão escrita da editora.

CONSELHO EDITORIAL

Diretor
Gilberto Gonçalves Garcia

Editores
Aline dos Santos Carneiro
Edrian Josué Pasini
Marilac Loraine Oleniki
Welder Lancieri Marchini

Conselheiros
Francisco Morás
Ludovico Garmus
Teobaldo Heidemann
Volney J. Berkenbrock

Secretário executivo
João Batista Kreuch

Editoração: Fernando Sergio Olivetti da Rocha
Diagramação: Sheilandre Desenv. Gráfico
Revisão gráfica: Nilton Braz da Rocha / Nivaldo S. Menezes
Capa: SGDesign

ISBN 978-85-326-5992-7

Editado conforme o novo acordo ortográfico.

Este livro foi composto e impresso pela Editora Vozes Ltda.

Sumário

Introdução – Interdisciplinaridade: pensando fora da caixa, 7

Primeira parte – Disciplinas e Interdisciplinaridade, 19

I – Interdisciplinaridade: definindo conceitos, 21
  1 Interdisciplinaridade e disciplinas, 21
  2 A parcelarização do saber no século XIX, 25
  3 O vocabulário da interdisciplinaridade, 32
  4 Limites e Fronteiras, 41
  5 Transdisciplinaridade, 43
  6 Indisciplinaridade e Circundisciplinaridade, 47

II – Disciplinas, 53
  7 O que é uma disciplina, 53
  8 Instâncias que configuram um campo disciplinar, 55
  9 A singularidade de um campo de conhecimento, 57
  10 Os campos intradisciplinares, 62
  11 Teoria, Método e Discurso, 63
  12 Os interditos e a comunidade científica, 67
  13 Olhar de um campo disciplinar sobre si mesmo, 71

III – O momento interdisciplinar, 76
  14 As grandes pontes interdisciplinares, 76
  15 A ponte interdisciplinar do Método, 79
  16 Formação de novos espaços intradisciplinares, 81

17 Discurso e Conceito como ponte interdisciplinar, 82
18 Temáticas compartilhadas, 84
19 A rede humana e autoral entre as disciplinas, 85
20 A inspiração da Arte, 91

Segunda parte – Dois feixes interdisciplinares, 103

IV – História e Interdisciplinaridade, 105
21 A História diante de suas fronteiras, 105
22 A linguagem interdisciplinar da História, 113
23 História e Geografia: campos entrelaçados, 117
24 História e Sociologia: das tensões às parcerias, 127
25 História e Antropologia: a busca do método, 137
26 Problemas gerados pela interdisciplinaridade, 147

V – Imaginação musical e Interdisciplinaridade, 151
27 Uma interdisciplinaridade inusitada, 151
28 Polifonia: na Linguística e na História, 153
29 Acordes: seu uso como conceito possível para os diversos campos de saber, 156
30 Outros usos para o conceito de acorde: na Filosofia, na Geografia e na Sociologia, 162
31 Formas Musicais: um exemplo na Antropologia, 167
32 A Música em interdisciplinaridade com a Física, 174

Coda – A música da Interdisciplinaridade, 186

Referências, 193

Introdução

Interdisciplinaridade: pensando fora da caixa

Não é raro que, ao se buscar uma imagem para pensar nos diversos campos de saber, seja evocada a ideia das "caixas". Cada campo de saber seria uma espécie de compartimento separado dos outros, por vezes com fronteiras ou paredes muito bem definidas. E os diversos profissionais relacionados às diversificadas possibilidades de estudo, com suas formações universitárias ou suas excelências obtidas através da prática de seus ofícios, são a partir daí instados a se definirem, a encontrarem a sua própria caixa. O próprio ingresso em uma graduação específica no Ensino Superior já corresponde, de certa forma, a entrar em uma caixa.

Ao iniciar seu percurso universitário especializado, o pesquisador ou profissional em formação torna-se um estudante de História, Física, Medicina, Direito, ou de qualquer outro campo de saber. Quando se formar, tornar-se-á reconhecidamente um historiador, físico, médico, jurista, ou se definirá através de qualquer outro título correspondente à especialidade à qual se dedicou.

A imagem da caixa talvez não seja a mais apropriada para um saber científico, embora muito difundida. Até o final deste livro chegarei a outra que aprecio mais: a da música. O conhecimento humano poderia ser comparado a uma vasta, complexa e interminável sinfonia a muitas vozes, e cada uma destas vozes poderia ser vista como um campo de saber em separado; com a possibilidade, contudo, de se formarem encontros diversos que

7

seriam os acordes interdisciplinares. Por ora, todavia, vamos aceitar provisória e criticamente a clássica imagem das caixas.

Os profissionais, pesquisadores e cientistas ligados aos diversos campos de saber são estimulados desde muito cedo a se tornarem muito bons nos assuntos que se referem às suas caixas específicas, sem prestarem muita atenção ao que ocorre fora delas. Às vezes, são mesmo instados a se especializarem nos objetos e temas concernentes a um cubinho localizado no interior da sua caixa, pois cada campo de saber também costuma formar espaços intradisciplinares (i. é, setores no interior de sua própria disciplina que conformam subespecialidades). Quando alguém se torna um hiperespecialista – um pesquisador ou profissional que se empenha em conhecer tudo o que for possível a respeito de um objeto de estudo mais específico que seja reconhecido como importante no universo de sua caixa – costuma ser premiado com incentivos e apoios governamentais, com financiamentos públicos e privados para pesquisa, com prestigiosos convites para expor sua hiperespecialidade em conferências, e pode até mesmo ganhar prêmios importantes. Os estudantes de graduação, de sua parte, são instados a se empenharem cada vez mais nas especialidades de suas caixas. Em uma palavra, todos são ensinados, desde o princípio, a "pensarem dentro da caixa". Fora dela, ao menos para uma parte significativa da população acadêmica, estão as aventuras exóticas, as heresias passíveis de desconfiança, a reflexão menos séria. Alguns cursos de graduação, como a História, até abrem espaços relevantes para uma reflexão sobre a interdisciplinaridade. Mas praticá-la, já não é tão fácil.

O mundo acadêmico e científico, enfim – mas também o mundo escolar nos seus diversos níveis e o vasto universo das multivariadas profissões e práticas –, é essencialmente constituído de disciplinas bem definidas[1]. Conforme veremos no decorrer

---

1 Contra esse quadro, o educador belga-canadense Yves Lenoir (n. 1942) propõe que sejam considerados quatro âmbitos no interior dos quais se podem operacionalizar, respectivamente, as quatro formas de interdisciplinaridade

deste livro, cada uma destas disciplinas tem a sua própria história. Mais ainda, a própria perspectiva de se conceber o conhecimento a partir de campos disciplinares muito bem separados uns dos outros tem também a sua história, notando-se que, nas sociedades europeias e americanas, esse pensamento disciplinar foi se reforçando a partir do século XIX e, principalmente, no século XX. A partir de então, as "fronteiras" entre os campos de saber foram não raramente se transformando em "limites" (conceitos distintos um do outro, conforme discutiremos mais adiante). Ato contínuo, os profissionais relacionados a cada campo de saber foram constituindo comunidades científicas em separado (ou outros tipos de grupamentos, para os casos em que estejamos falando de outras áreas como a das artes, esportes, profissões práticas, e assim por diante). As caixas, enfim, foram se formando, definindo-se, isolando-se umas das outras, constituindo-se como territórios a serem vigiados de dentro e de fora.

Ao lado da disciplinaridade, contudo, sempre existiu outro processo que a contrabalança: a interdisciplinaridade. De um lado, o gesto interdisciplinar não deixa de ser uma resistência contra as molduras disciplinares. De outro lado, a interdisciplinaridade pode se mostrar como uma exigência mesma da própria disciplinaridade. Ela ocorre não somente porque os objetos de conhecimento nem sempre se acomodam bem no interior exclusivo de uma disciplina, mas também porque a própria constituição dos campos disciplinares corresponde a divisões do trabalho intelectual que precisam de constantes reajustes.

Rigorosamente falando, as fronteiras entre as disciplinas são móveis; ao lado disso, em alguns casos também podem constituir espaços de intersecção. Além do mais, certos objetos que emergem da busca e constituição de saber, seja nas fronteiras ou

---

"científica, escolar, profissional e prática" (LENOIR, 1998). Permeadas pela mesma atitude de lidar com o outro e com a complexidade, cada um desses ambientes interdisciplinares apresenta as suas próprias especificidades e responde aos seus próprios desafios.

mesmo no interior de cada disciplina, requerem o diálogo interdisciplinar. Por fim, por sobre todas as disciplinas já formadas e que venham ainda a se formar, também paira uma espécie de consciência supradisciplinar – da qual podem estar alienados muitos dos seus praticantes – de que, em última instância, o próprio ser humano é o lugar privilegiado que se apresenta "como ponto de partida e como ponto de chegada de todas as formas de conhecimento", para utilizar uma frase feliz proferida por Georges Gusdorf (1912-2000) em defesa de uma maior "esperança interdisciplinar"[2].

A partir do século XX – talvez o momento de maior exacerbação da disciplinaridade e da hiperespecialização em seu interior – a interdisciplinaridade também floresceu como um movimento. Não foi raro que diversos campos de saber, ou pelo menos pensadores e praticantes específicos ligados aos diversos campos de saber, buscassem o diálogo com os demais campos. A interdisciplinaridade, para sintonizar com nossa metáfora inicial, tem sido desde então este movimento que instiga os profissionais e praticantes das diversas áreas a "pensarem fora da caixa". Alguns também podem visualizar a interdisciplinaridade como o estabelecimento de ligações entre as várias caixas, se insistirmos mais nesta metáfora, à maneira de ligações ou conexões como as que são estabelecidas entre vasos comunicantes. Outros podem pensar no diálogo interdisciplinar como aquele momento em que as paredes entre as caixas desaparecem, e no qual os profissionais das diversas áreas se intercomunicam, aprendem uns com os outros, renovam seus saberes a partir de novas perspectivas que só poderiam ser obtidas fora de sua caixa.

---

2 GUSDORF, 1986, p. 1.089. • GUSDORF, 1977, p. 627-649. Neste último texto, Gusdorf nos fala sobre o projeto interdisciplinar perdido que remonta ao saber enciclopédico e de caráter interdisciplinar dos antigos gregos (a *paideia*) – o mesmo que avança até o Renascimento e daí até a contribuição iluminista, até ser interrompido na segunda metade do século XVIII.

Uma imagem ou outra, o importante a compreender, conforme ressaltam autores diversos que teorizam sobre a interdisciplinaridade, é que esta implica uma "atitude" – um modo específico de agir ou de se portar diante do conhecimento a ser produzido ou da tarefa a ser realizada. Diz-se mesmo que a interdisciplinaridade deve ser entendida, ela mesma, como a própria atitude[3]. Assim, há um modo especial de olhar e agir sobre as coisas que deve estar presente, e mesmo *constituir*, o sujeito interdisciplinar ou o indivíduo pensante animado pela perspectiva transdisciplinar – seja este o pesquisador propriamente dito que pratica a "interdisciplinaridade científica", seja o docente que pratica a "interdisciplinaridade educacional" ou "escolar" ao ministrar uma disciplina em qualquer nível de ensino, ou seja, ainda, o profissional que realiza a sua tarefa menos ou mais complexa ousando incorporar novas práticas e saberes (o trabalhador, enfim, que pratica a chamada "interdisciplinaridade profissional")[4].

É importante assinalar, desde já, que a atitude interdisciplinar não se coloca "contra" a disciplina. Essa proposta, "confrontar a disciplina", como veremos oportunamente, faz parte de outro campo de reflexões: a indisciplinaridade. A interdisciplinaridade, bem distante disso, propõe trabalhar com as disciplinas de uma outra maneira. Flexibilizar os seus limites, investir nas porosidades, proporcionar intercâmbios, assimilar novas maneiras de ver e de fazer – isto sim –, mas não destruir as disciplinas.

---

3 Cf. JAPIASSU, 2006, p. 10. • FAZENDA, 2001, p. 11. É oportuno ressaltar ainda que – no encontro mundial *Ciência e Tradição: perspectivas transdisciplinares para o século XXI*, realizado em Paris em 1991 – também se consolidou a associação da ideia de "atitude" à *transdisciplinaridade* (conceito que mais adiante examinaremos). Assim diz o documento final do Encontro, no seu sexto item: "Por definição, não pode haver especialistas transdisciplinares, mas apenas pesquisadores animados por uma atitude transdisciplinar" (UNESCO, 1991).

4 Diz-nos o educador galego Jurjo Torres Santomé: "apostar na interdisciplinaridade significa defender um novo tipo de pessoa, mais aberta, mais flexível, solidária, democrática" (SANTOMÉ, 1998, p. 45).

Mesmo a especialidade não é combatida pela interdisciplinaridade. Tal como ressaltam Jantsch e Bianchetti (2004), nada impede que interdisciplinaridade e especialidade possam conviver de forma harmoniosa, dado que o "genérico e o específico não são excludentes"[5].

Dentro desta mesma perspectiva, deve-se lembrar de que faz parte das possibilidades interdisciplinares levar o modo de pensar ou de fazer típicos de uma disciplina a outras, com isto proporcionando possibilidades de renovação nelas mesmas. Assim, por exemplo, é condizente com a atitude interdisciplinar que o historiador e o professor de história se preocupem em possibilitar que o aluno escolar de história, e o leitor dos livros de história, tornem-se capazes de desenvolver uma consciência histórica (e não apenas recebam passivamente os conteúdos de história). É pertinente que o professor de matemática que trabalha no modo interdisciplinar se empenhe em ensinar ao aluno a "fazer uma leitura matemática do mundo e de si mesmo", conforme já assinalou Ivani Fazenda em determinada oportunidade[6]. Enxergar o mundo historiograficamente, matematicamente, antropologicamente, artisticamente, e assim por diante, pode contribuir não apenas para agregar novas leituras ao conjunto de leituras possíveis ao indivíduo pensante que anseia romper criativamente com a visão fragmentada e compartimentada. Enxergar o mundo do ponto de vista de uma disciplina, e exportar esta leitura para fora da disciplina onde ela já é familiar, pode também permitir uma verdadeira renovação de outras disciplinas, nos seus fazeres específicos. Isso já ocorreu antes, e não foram poucas vezes, na história da ciência[7].

---

5 BIANCHETTI & JANTSCH, 2004, p. 11-24.

6 FAZENDA, 2003, p. 62.

7 Episódio célebre sobre como a aplicação de um campo disciplinar a outro pode produzir renovação, e por vezes em ambos os campos, é o da descoberta do Atomismo Físico, por John Dalton, no início do século XIX. Tudo começou quan-

Em um dos capítulos deste livro, a propósito, vou apresentar a proposta de que uma imaginação musical – ou mais propriamente uma visão musical do mundo – poderia ajudar a enriquecer a história, a antropologia, a linguística, a física, e outros saberes. Em poucas palavras, quero dizer que uma disciplina, no que ela tem de mais específico, também pode ser utilizada interdisciplinarmente. Levar o historiador ou o leitor de História a pensar musicalmente, ou o músico a pensar historiograficamente, e infinitas outras combinações deste tipo envolvendo as mais diversas disciplinas, é um desafio que pode proporcionar extraordinários frutos. A atitude interdisciplinar inclui a possibilidade de usar as disciplinas de uma nova maneira, inclusive fora dos seus limites mais familiares[8].

Ter a atitude interdisciplinar é sintoma, parece-nos, de um novo padrão de consciência, identificável nos indivíduos isolados – através de suas realizações – ou em grupos inscritos no seio das comunidades científicas através de ações conjuntas e movimentos específicos. A história do desenvolvimento desta consciência interdisciplinar coletiva no âmbito da pesquisa (porque, como vimos, também existe uma história da consciência interdisciplinar no âmbito do pensamento educacional) configura um grande caudal polifônico.

Se pudéssemos comparar esta história a uma grande composição musical, veríamos melodias diversas se entremeando

---

do Dalton (1766-1844), que era principalmente um físico e um meteorologista (o pioneiro nesta área de estudos), resolveu aplicar a Química para resolver certos problemas de previsões na sua área. Terminou por criar um novo modelo de atomismo que foi simplesmente revolucionário para a compreensão da estrutura da matéria, além de lhe permitir a elaboração da primeira tabela de pesos atômicos. Toda a química moderna é diretamente tributária de sua descoberta e de seu gesto interdisciplinar. Sobre isto, cf. KUHN, 2007, p. 179. • OKI, 2009.

8 De acordo com esta perspectiva, e mais especificamente com relação a esta possibilidade combinatória (mas não nos limitando apenas a ela), podemos acompanhar as palavras de P. Weingart, "Interdisciplinaridade não é a promessa de unidade final, mas sim de inovação e surpresa através da combinação de diferentes partes do conhecimento" (WEINGART, 2000, p. 25-45).

e adquirindo movimento próprio, embora também ocorra um movimento mais propriamente transdisciplinar onde intelectuais ligados a vários campos se juntam em um processo de religação de saberes[9]. Ao lado deste movimento mais amplo por uma "ciência com consciência" e a favor de uma "religação dos saberes"[10], as demandas interdisciplinares das ciências – de cada uma delas – também cantam a partir de iniciativas advindas de espaços disciplinares específicos. Pode-se dar o exemplo da Escola dos *Annales*, na historiografia dos anos de 1930, bem como diversos outros setores da produção historiográfica contemporânea que também desenvolveram a perspectiva interdisciplinar na História.

Poderíamos lembrar ainda o caso da Medicina. Esta área também produziu o seu movimento interdisciplinar para atender às suas próprias demandas e enfrentar a sua característica tendência a uma alta especialização. Como se sabe, a Medicina é uma das mais antigas áreas de saber, remontando às mais antigas civilizações e mesmo, mais além, a experiências anteriores como a chamada medicina natural. Consolidou-se como um campo de práticas de evidente e inquestionável importância social que, com o tempo, foi se ramificando e produzindo os seus diversos especialistas. Nos dias de hoje, já não vemos tanto a figura do clínico geral, aquele tipo de médico que, com justa razão, orgulhava-se de conhecer um pouco de tudo na sua profissão e de resolver uma gama bastante significativa de problemas de saúde. As identidades médicas, atualmente, constroem-se mais em torno das figuras dos especialistas: o cardiologista, ginecologis-

---

9 Este último movimento, planetário e intradisciplinar por excelência, tem se expressado através de sucessivos congressos mundiais de interdisciplinaridade ou transdisciplinaridade, tal como os que ocorreram em Veneza (1986); Paris (1991); Lisboa (1994); Locarno (1997), Vila Velha (2005); daí se estendendo para os tempos mais recentes. Cada um destes congressos gerou documentos ou manifestos que foram abordados neste livro. De igual maneira, têm sido realizados livros coletivos, com pensadores ligados às diversas áreas de saber.

10 MORIN, 1990. • MORIN, 2002.

ta, urologista, pediatra, geriatra, o oncologista, e muitos outros como o otorrinolaringologista (que por sua vez ameaça, mais tarde, fragmentar-se nos especialistas do nariz, do ouvido e da garganta). A doença, no entanto, não é monodisciplinar, e sim indisciplinar. Ao lado disso, as condições físicas, para demarcarem um nível adequado de saúde, demandam ações interdisciplinares do proprietário de um corpo: que ele pratique exercícios, mas esteja atento aos problemas da nutrição, que seja vigilante com relação à sua pressão e níveis de *stress*, que mantenha a sua capacidade respiratória e muscular. Seja para combater a doença indisciplinar ou para manter a saúde de um corpo transdisciplinar, é preciso considerar na Medicina a possibilidade de ultrapassar a fragmentação da hiperespecialização.

Não seria uma solução adequada enfatizar a importância de a especialidade médica ser criteriosamente acompanhada de uma visão multidimensional da Medicina? Ou, em termos mais simples, não seria o caso de atentar para que cada médico especialista cultive também o compromisso de ser um bom clínico geral? Não haveria, ainda, a utilidade dos projetos que valorizassem ou incentivassem os atendimentos médicos multidisciplinares?

O mesmo dá-se na Antropologia, na Física ou na História. Como confiar no pesquisador que se contenta ou mesmo se orgulha em ser *exclusivamente* – no sentido mais restringente e confinante da palavra "exclusivo" – "tão apenas" um historiador econômico, um historiador cultural ou um historiador demográfico? Que dizer do físico termodinâmico que, ao mesmo tempo em que já se despreocupa de divulgar e expandir para fora de seu pequeno círculo as descobertas da Termodinâmica, também se esquece de importar para o seu universo de investigações e aplicações as descobertas das restantes áreas da Física? Como nos posicionarmos, enfim, diante daqueles dedicados profissionais – estejam eles acantonados neste ou naquele campo de conhecimento – que terminam por desligar o seu saber de todos os outros saberes? Ou ainda dos que, nesta mesma operação, por vezes também desligam a sua atividade da própria vida, sempre esta última tão múltipla e diversificada? Nada mais natural que tenha surgido um movimento como contrarresposta a esse "orgulho de estar em um canto", ou, mais propriamente, contra esta arrogância ou obtusidade de se sentir bem à vontade "na quina de um pequeno cubo" (pois a perspectiva de todo especialista que se entrega ao exagero monodisciplinar é sempre a da quina de um cubo, a partir da qual ele pode apenas contemplar, e enviesadamente, alguma das coisas que se passam nos quadradinhos mais próximos). Foi, decerto, para se contrapor criativamente a esse "orgulho de ficar no canto", que surgiram as atitudes interdisciplinar e transdisciplinar, com os movimentos que lhes dão suporte.

A Interdisciplinaridade floresce, ainda que sob a forma de canteiros, nos vários âmbitos disciplinares, e também entre eles e acima deles. Como dizíamos há pouco, existe uma história polifônica da Interdisciplinaridade nos diversos âmbitos científicos, por assim dizer, e esta se junta também ao outro feixe polifônico de vozes, que é o do desenvolvimento, em vários países, de uma consciência interdisciplinar que pretende se aplicar à formação de professores e à prática de Ensino em seus diversos níveis[11]. Essa fascinante história do pensamento e da prática interdisciplinar – seja na Pesquisa, Extensão, ou Ensino – não é, entretanto o objeto deste livro. Nossos objetivos são ao mesmo

---

11 Neste livro, estaremos abordando mais especificamente a "interdisciplinaridade científica", a qual, tal como ressalta Ivany Fazenda (2015, p. 25), não deve ser confundida com a interdisciplinaridade escolar. Apenas ocasionalmente abordaremos a interdisciplinaridade neste segundo âmbito. Para os interesses mais específicos em uma literatura sobre a interdisciplinaridade nos diversos níveis de Ensino, já existe uma vasta bibliografia, pois a área da Educação encontra-se muito mais avançada na reflexão sobre a interdisciplinaridade do que nos diversos campos científicos mais específicos. Cf. KLEIN, 1985. • FAZENDA, 1998. • HORN & RITTER, 1986. • KOCKELMANS, 1979. • LENOIR, 2001. • PÉTRIE, 1992. • PINEAU & PAUL, 2007. • POMBO, 1993. • RADEST, 1975. • SQUIRES, 1992.

tempo mais simples, embrenhando-se pelo campo das definições básicas e da percepção dos elementos que regem uma lógica interdisciplinar, e, em certos momentos, mais livremente ensaísticos, propondo exemplos mais audaciosos e analogias que poderão ajudar a compreender melhor a abertura de horizontes que pode ser proporcionada por uma consciência interdisciplinar.

Dentro deste plano mais geral, um dos principais objetivos deste livro é discutir o que é interdisciplinaridade (mas também o que é "trans" e "multi"disciplinaridade). Veremos como os diálogos entre os diversos campos de saber podem se estabelecer, e procuraremos trazer alguns exemplos concretos de áreas específicas, embora este ensaio não seja dedicado a nenhuma área de saber em particular, e a escolha de certos exemplos derive apenas da maior familiaridade do autor com este ou aquele campo de estudos.

Para compreender as propostas interdisciplinares e as expansões e rupturas que elas provocam, abordaremos ainda os limites e fronteiras que costumam se estabelecer entre as diversas disciplinas. Discutiremos, antes disso, o que é propriamente uma "disciplina", quais são as diversas dimensões que a constituem (a teoria, método, discurso, e muitas outras instâncias). Refletiremos sobre as pontes interdisciplinares que podem permitir as trocas, diálogos e assimilações entre os diversos campos. Em quatro palavras, o livro convida o profissional de cada área de estudos a "pensar fora da caixa". Ao final, nós o convidaremos a saborear outra metáfora: Por que não deixar fluir a "música da interdisciplinaridade"?

Primeira parte

Disciplinas e Interdisciplinaridade

I
Interdisciplinaridade: definindo conceitos

1 Interdisciplinaridade e disciplinas

O que é "interdisciplinaridade"? Para uma resposta adequada a essa questão é preciso que tenhamos, antes de tudo, uma clara e correta compreensão sobre o que é, afinal de contas, uma *disciplina* – palavra que deverá ser aqui compreendida no seu sentido de "campo de conhecimento" ou de "modalidade de saber"[12]. Ademais, será importante compreender que as disciplinas – conforme veremos no segundo capítulo deste livro – não configuram, de maneira alguma, ambientes que os seres humanos puderam *simplesmente* encontrar como alguém que descobre um continente novo, em uma viagem de explorações através de um vasto oceano formado por inúmeros objetos de estudo. Na verdade, o que ocorre é que os pesquisadores e pensadores literalmente precisaram *inventar* cada uma das disciplinas que

---

12 "Disciplina" deriva de *discere*, palavra latina que remete ao sentido de "aprender". O discípulo (*discipulus*), expressão igualmente derivada deste verbo, é "aquele que aprende". É importante lembrar ainda que a palavra disciplina também comporta o sentido de normas de comportamento e de conduta que também devem ser aprendidas e observadas. Daí que a palavra reaparece quando usamos o termo no sentido de imposição de um padrão, mas também de adestramento, punição ou controle (é de acordo com esta última acepção que falamos nas "sociedades disciplinares"). Para a nossa reflexão é importante considerar que toda ciência é uma disciplina, embora nem toda disciplina seja uma ciência.

21

hoje lhes são tão familiares neste complexo universo de saberes a partir dos quais se organiza o conhecimento humano. A História, Biologia, Medicina, Física, ou quaisquer outros âmbitos de pesquisa, ensino e práticas profissionais, não existiram sempre. Quando surgiram, tampouco nasceram prontas e acabadas[13].

Cada disciplina, de fato, formou-se a partir de uma história particular; além disso, para continuar a existir, precisou e precisa prosseguir em um processo de permanente transformação e atualização no interior dessa história, a qual se conecta de uma maneira e de outra com as histórias de todos os demais campos disciplinares. Ademais, conforme veremos mais adiante, há inúmeras dimensões reciprocamente implicadas para a formação e continuidade de uma disciplina. Entre elas, podemos destacar a produção de instâncias teóricas e metodológicas, a constituição de uma linguagem ou de um repertório discursivo comum aos seus praticantes, a definição e constante redefinição de seus objetos de estudo, uma singularidade que diferencia cada disciplina de outros saberes, uma complexidade gradual interna que termina por gerar novas modalidades no interior da disciplina, e, por fim, o mais importante: a rede humana que constitui este ou aquele campo de saber em especial.

Outro aspecto fundamental para a compreensão das diversas disciplinas é que elas não são compartimentos estanques, isolados uns dos outros, definidos de uma vez por todas no que concerne aos seus objetos e práticas, ainda que estas imagens sejam por vezes divulgadas nos manuais ou parâmetros curriculares. Tampouco as disciplinas configuram campos estáticos. Ao contrário, as disciplinas transformam-se internamente, rede-

---

[13] Este tema abre o primeiro volume da coleção *Teoria da História*, obra publicada por esta editora (BARROS, 2011a, p. 17-40). Naquele texto, ao qual retornarei em um dos capítulos deste livro, discuti as instâncias que presidem a formação de um campo disciplinar (qualquer que ele seja), bem como a sua historicidade, o seu confronto e reajustes diante de outros campos no momento de sua formação e ao longo de sua história.

finem-se, expandem-se ou se contraem, tendem a se tornar mais complexas na medida em que vivem a sua própria história ou se deparam com novos desafios. Além disso, conforme sustentaremos neste livro, comunicam-se necessariamente entre si, deslocam-se umas em relação às outras, confrontam-se, interpenetram-se, sintonizam-se, harmonizam-se. Particularmente, para além de pensá-las como organismos que se enfrentam, interagem ou disputam territórios, gosto de pensar as disciplinas também como notas musicais que repercutem umas sobre as outras, às vezes produzindo novos acordes e sempre resultando em novos afloramentos sonoros que passam a compor essa fascinante sinfonia que é o saber humano.

Essas questões, contudo, serão discutidas no segundo capítulo deste livro. Por ora, é preciso lembrar ainda que os objetos de estudo e os campos temáticos de interesse das diversas disciplinas não surgiram necessariamente com elas. Os objetos de interesse científico podem migrar, em determinado momento, de um campo de saber a outro. Ou mesmo – ainda que se conservando no horizonte temático do campo de saber que originalmente os constituiu – certos objetos de estudo podem passar a ser compartilhados por novos campos de saber.

É preciso se ter consciência, ademais, de que a leitura acadêmica que hoje se faz de um universo de saberes partilhado em campos muito específicos – quase à maneira de caixas ou compartimentos no interior dos quais deveriam necessariamente se situar os intelectuais especializados – está longe de ter sempre orientado os autores e as comunidades científicas das várias épocas. No século XVIII, por exemplo, não era incomum que os filósofos iluministas – amparados por sua concepção humanista e sua perspectiva enciclopédica – desenvolvessem um intenso interesse por saberes vários.

Alguns deles escreveram obras ou desenvolveram pesquisas que hoje fazem parte da história de disciplinas variadas. Jean--Jacques Rousseau (1712-1778) – um dos mais notórios dos filósofos iluministas do século XVIII – escreveu livros que hoje seriam facilmente incorporáveis aos âmbitos da Educação, História, Sociologia, Ciência Política, Economia, Linguística, Botânica ou Crítica Musical, além da própria Filosofia[14]. Além disso, Rousseau era literato, autor de romances e de literatura criativa em diversificados gêneros, e também músico, tendo escrito uma ópera e outras peças musicais[15]. A imaginação, identidade teórica e a prática autoral de filósofos humanistas como Rousseau, portanto, ainda não operava nos limites do mesmo quadro disciplinar e tendente à especialização que hoje nos é tão familiar, e que depois assumiria uma arquitetura mais definida.

O mesmo perfil criativo e multidiversificado – ou mesmo interdisciplinar – se quisermos nos pôr à escuta das implicações de uma palavra que ainda não era utilizada na época[16] – será encontrado em cada momento no qual nos propusermos a redesenhar a identidade intelectual de muitos dos outros grandes pensadores do século XVIII, como Voltaire (1694-1778), Montesquieu

---

14 Respectivamente, podemos indicar exemplos da produção rousseauniana para cada um destes campos: *Emílio ou Da Educação* (1762), *Cronologia universal ou história desde os tempos da criação até o presente* (1731), *Do Contrato Social* (1762), *Considerações sobre o governo da Polônia* (1771), *Discurso sobre a economia política* (1755), *Ensaio sobre a origem das línguas* (1759), *Cartas elementares sobre a Botânica* (1772), *Dicionário de Música* (1767), *Discurso sobre a origem e os fundamentos da desigualdade entre os homens* (1753).

15 Além da ópera *Le devin du village* (1752), Rousseau compôs o balé *Les muses galantes* (1743), e o livreto para o melodrama *Pygmalion* (1762), com música de Horace Coignet (1735-1821). Os textos sobre Música, além do já citado *Dicionário de Música* (1767), também estão presentes no conjunto de obras do filósofo, como é o caso da *Dissertação sobre a Música Moderna*, publicada em 1743.

16 *Inter*, como se sabe – e conforme será discutido mais adiante em um âmbito maior de implicações –, é um prefixo que se refere à ação recíproca entre dois aspectos, elementos ou campos. Neste caso, não se trata somente de A agir sobre B, mas de B, concomitantemente, também agir sobre A. Para se ter interdisciplinaridade seria preciso deixar agir uma disciplina sobre a outra, e vice-versa (ou um campo de saber sobre o outro). Muitos dos filósofos iluministas, de certo modo, promoviam essa ação recíproca entre os saberes. Esta é uma questão a ser investigada, futuramente, em maior profundidade.

(1689-1755), ou David Hume (1711-1776)[17], assim como também de outros homens e mulheres de saber em diversas épocas históricas. Para trás e para diante no tempo, podemos encontrar pensadores como Aristóteles ou Platão, cujas vozes nos chegam da Antiguidade, ou como Marx e Max Weber, pensadores da idade moderna, que transitaram confortavelmente pelos mais variados âmbitos de estudo.

Com isso somos levados a reconhecer não apenas que as várias disciplinas são formações históricas, mas que mesmo o conceito de "disciplina" – ou qualquer outro que ajude a compreender melhor a diversidade do conhecimento – também é historicamente construído. Não só está sujeito a transformações históricas o próprio conceito de *disciplina* – ao lado de outras noções que ajudam a mapear o saber humano – como também a própria necessidade de criar ou operacionalizar termos e conceitos como esses deve ser compreendida historicamente. Nem todos os seres humanos, em cada uma das épocas e sociedades que já surgiram sobre a Terra, sentiram necessidade de pensar disciplinarmente. De igual maneira, mesmo nos momentos históricos onde se afirmou preponderantemente esta necessidade de pensamento disciplinar, deixaram de existir resistências ao isolamento científico, particularmente através de indivíduos que sempre manifestaram múltiplos talentos e interesses por variados campos de saber.

2 A parcelarização do saber no século XIX

Este passo nos obriga a relembrar um fenômeno que foi bem típico da história dos saberes ocidentais. Podemos dizer que, no

---

17 Voltaire escreveu obras literárias e teatrais, ao mesmo tempo em que produzia ensaios filosóficos e antropológicos, textos políticos ou históricos. Montesquieu interessou-se tanto por ciências naturais como por estudos sociais, jurídicos e históricos. David Hume escreveu sobre filosofia, ética, metodologia científica e história, além de explorar temas que hoje são enquadrados no âmbito sociológico.

decurso do século XIX, estabeleceu-se e foi vitorioso um "projeto de parcelarização dos saberes" que passou a dar a tônica a toda a rede universitária e científica que recobria a Europa e as Américas. A disciplinarização proposta por este projeto de fragmentação do saber começou por "separar o físico do biológico; e o biológico do humano"[18]. Dentro de um quadro maior de separação entre as ciências humanas e as ciências naturais (e, no interior destas, de divisão entre as ciências exatas e as ciências da vida), logo iriam se organizar as diversas disciplinas específicas em um modelo de fragmentação do saber que, desde o século XIX, não deixou de multiplicar cada vez mais os seus compartimentos internos.

Os processos da parcelarização do saber e da hiperespecialização científica, que desde o século XIX encontraram apoio tanto dos estados-nacionais como do capital mundial, são em todo o caso bastante complexos, e o seu incentivo a partir dos projetos positivistas de compartimentação do conhecimento constituem, é claro, apenas uma parte da história. De fato, ao lado desta história administrativa e acadêmica dos vários campos disciplinares em tempos recentes, remonta a tempos mais antigos o empenho intelectual em enxergar como territórios mais ou menos definidos os diversos campos de saber.

Os gregos já pensavam o saber a partir de áreas bem definidas, e também assim o fizeram os filósofos medievais. De todo modo, se o saber já tendia a ser partilhado há muito em campos menos ou mais bem definidos – embora certamente não tão diversos como no atual labirinto de disciplinas acadêmicas –, a verdade é que os pesquisadores e pensadores de todas as épocas tinham uma maior liberdade na circulação e combinação destes saberes,

---

18 Para esta e outras divisões que imperam no modelo de simplificação e redução parcelarizante do conhecimento, cf. MORIN, 1983, p. 31. Cf. tb. SNOW, 1995.

sendo que os filósofos iluministas que atrás mencionamos constituíram apenas um exemplo marcante desta possibilidade.

Se o projeto positivista de parcelarização do saber saiu-se vitorioso a partir do século XIX, é precisamente contra este grande movimento de intensificação da fragmentação dos saberes, e de hiperespecialização dos seus praticantes, que surge o impulso que o equilibra. O contramovimento a favor da *interdisciplinaridade* sempre procurou e tem procurado dar conta tanto das porosidades que existem entre os diversos campos de saber (seus imbricamentos, suas zonas de imperceptíveis deslizamentos entre um e outro), como também representa, em outros momentos, um anseio humanista que traz consigo as recordações de uma época em que os saberes não estavam tão divididos – ou, ao menos, na qual os homens e mulheres que os praticavam não estavam assim tão separados uns dos outros como especialistas pouco compatíveis entre si.

Em certo sentido, a interdisciplinaridade é um contracanto que suaviza a áspera e angustiadamente solitária melodia da *especialização*, este processo que se acentua no século XIX e no século XX, e que, em algumas ocasiões, parece produzir aquelas estranhas figuras em relação às quais o filósofo Friedrich Nietzsche (1844-1900) se referiu como "aleijões ao avesso" – homens que às vezes são vistos como grandes especialistas, ou até mesmo como gênios, mas que são metaforicamente como "grandes orelhas", "grandes olhos" ou "grandes bocas", "seres que têm muito de uma só coisa e nada de todas as outras"[19].

Na mesma direção, e já algumas décadas depois, foi escrito por Ortega y Gasset (1929) um impiedoso texto contra estes

---

19 A passagem, extraída do livro *Assim falou Zaratustra* (1883), assim se refere aos especialistas hipertrofiados que eram cultuados como "grandes homens" ou gênios pela população de uma localidade visitada por Zaratustra: "homens aos quais falta tudo, salvo que têm demais de alguma coisa – homens que não passam de um grande olho ou de uma grande boca ou de um grande ventre ou de qualquer outra coisa grande" (NIETZSCHE, 1976, p. 149-150).

indivíduos que o filósofo espanhol denomina "sábios-ignorantes" – categoria com a qual estaria se referindo a este "petulante" especialista que "não é sábio porque ignora formalmente tudo o que não entra na sua especialidade", mas não é ignorante porque [em tom sarcástico] "é um homem de ciência", que "conhece muito bem a pequeníssima parcela do universo em que trabalha"[20].

Ortega y Gasset desfecha, contra este hiperespecialista que não se incomoda em ignorar tudo o mais que esteja fora do umbigo de sua especialidade, uma nova designação para a qual se poderia pensar um lugar nos manuais de patologias. Se existe na literatura médica o já bem conhecido transtorno psíquico do "idiota-sábio" (a "síndrome de savant", diagnosticada em 1887 por John Langdon Down)[21], aqui estaríamos diante do "sábio-idiota" (o "sábio ignorante", nas palavras de Ortega y Gasset). Com o agravante de que esta última "patologia" seria produto exclusivo de uma má formação cultural.

A fragmentação do conhecimento humano em um padrão de disciplinaridade rígida, no qual diversos profissionais e pensadores passam a ser estimulados a pensar monodisciplinarmente, atende, de certo modo, a demandas diversas. De um lado, compreende-se que a multiplicação de objetos e de possibilidades, de métodos e tecnologias, de poderes de produzir saberes, tenha levado a uma espécie de divisão intelectual do trabalho. Essa divisão – contanto que não conduza ao isolamento, à ignorância do que se passa fora do campo de especialização, a incapacidade de comunicação com outros que não fazem parte de sua comunidade de especialistas, ou a alienação de modo mais geral – não deveria ser necessariamente negativa.

---

20 ORTEGA Y GASSET, 1929, p. 123.

21 A categoria do "idiota-sábio" descreve os indivíduos que sofrem do distúrbio psíquico no qual coabita, com um elevado déficit de inteligência, uma grande habilidade intelectual – normalmente ligada a uma extraordinária memória ou a uma rara capacidade de cálculo.

Entrementes, como bem sabemos através das acuradas observações críticas sobre a dinâmica do Capitalismo que remontam às observações pioneiras de pensadores como Karl Marx (1818-1883) e Charles Fourier (1772-1837), as mais diversas formas de alienação tenderam a acompanhar o desenvolvimento da sociedade industrial. Uma delas foi o acantonamento do ser humano produtivo nos limites (e não mais fronteiras) do seu pequeno mundo de trabalho, o que atingiu também os trabalhadores intelectuais de vários tipos. Diante deste quadro monodisciplinante, "a interdisciplinaridade é [também] uma luta contra os efeitos alienantes da divisão do trabalho"[22].

O filósofo e socialista francês Charles Fourier (1772-1837) – por muitos considerado um crítico contumaz da sociedade industrial, por outros um socialista utópico, e por outros mais um autor que transitaria entre a loucura especulativa e o visionarismo – já alertava com veemência para a importância de não se contrariar aquela que ele considerava uma das mais viscerais "paixões" do ser humano[23]: a de "borboletear". Para Fourier, seria uma grande violência obrigar um indivíduo humano a realizar, por mais de duas horas seguidas, a mesma atividade. Extensivamente, os seres humanos, ao menos os que estariam aptos a habitar a sua sociedade idealizada[24], deveriam ser plurais. Além disso, a paixão de "borboletear" – a necessidade de variar, ou de pousar, tal como uma borboleta, "de flor em flor" – deveria contrabalançar outro impulso radical, a "paixão compósita". Esta se refere ao impulso, igualmente importante para o ser humano,

---

22 ANTISERI, 1975, p. 774-776.

23 No vocabulário de Fourier, a palavra deve ser entendida como características essenciais, impulsos inerentes à vida humana, sem respeito aos quais o próprio cerne do que é ser humano se deteriora.

24 À sociedade industrial, Fourier chamava de "civilização". À sociedade por ele preconizada, que a substituiria, chamava de "Harmonia" – palavra derivada do vocabulário musical e que remete à possibilidade de trabalhar a pluralidade dos elementos musicais articulada à unidade maior da composição.

de servir entusiasticamente a uma causa ou de se dedicar a um princípio que o indivíduo considera estar acima dele. A paixão borboleta e a paixão compósita, no quadro das doze paixões radicais previstas por Fourier, deveriam se contrabalançar. Para o nosso problema de investigação, podemos refletir também sobre a complementaridade que deveria envolver os impulsos disciplinar e interdisciplinar. Não estaríamos aqui diante de dois impulsos que poderiam ser harmonizados?[25]

Karl Marx (1818-1883) e Friedrich Engels (1820-1895), em sua busca de idealização e realização do socialismo sob uma perspectiva científica, também preconizavam o homem plural, não escravizado pela alienação ditada pela divisão do trabalho à maneira capitalista. Evocamos uma passagem, extraída da *Ideologia Alemã* (1846), para se acrescentar às anteriores:

> Na sociedade comunista, porém, onde cada indivíduo pode aperfeiçoar-se no campo que lhe aprouver, não tendo por isso uma esfera de atividade exclusiva, é a sociedade que regula a produção geral e me possibilita fazer hoje uma coisa, amanhã outra: caçar de manhã, pescar à tarde, pastorear à noite, fazer crítica depois da refeição, e tudo isso a meu bel-prazer, sem por isso me tornar exclusivamente caçador, pescador ou crítico[26].

A preocupação de Marx e Engels é a de romper a cadeia de alienações que envolvem os seres humanos na sociedade industrial. Da alienação ecológica que separa o ser humano da natureza, à alienação econômica que separa o trabalhador do produto do seu trabalho, passando por várias outras formas de alienação – como a que separa cada indivíduo dos demais de sua comunidade ou

---

25 Para Fourier, os resultados monstruosos – típicos do mundo "civilizado" – são obtidos a partir do desenvolvimento obcecado de uma ou poucas paixões em detrimento do conjunto harmonioso de todas as paixões (FOURIER, 1968, vol. VI, p. 413). Desse modo haveria uma 13ª paixão, o "uniteísmo", à qual assim se refere Leandro Konder em seu ensaio sobre Fourier: "Para sobreviver humanamente cada indivíduo sente a necessidade de orquestrar sua inevitável complexidade anímica" (KONDER, 1998, p. 30).

26 MARX & ENGELS, 1980, p. 41.

aquela que termina por coisificar o trabalhador ao reduzi-lo a um mero instrumento de produção – chegamos à intensa fragmentação do trabalho humano na sociedade industrial capitalista[27]. Com esta, para retomarmos as palavras do sociólogo marxista Henri Lefebvre (1901-1991), os indivíduos [no modo de produção capitalista] tendem a viver "dobrados sobre si mesmos, sobre sua técnica e sua especialização"[28]. Esta fragmentação do trabalho humano – este desdobrar-se e curvar-se sobre a especialidade alienando-se do mundo que está à sua volta e das ligações de seu trabalho com este mundo – dá-se também nos meios onde se produz o conhecimento. Para lá se estende a divisão do trabalho, induzindo cada pensador ou pesquisador a refrear seus voos e a encontrar a sua "gaiola disciplinar"[29].

A crítica ao isolamento científico e o reconhecimento da necessidade do diálogo entre os saberes sempre foram, como se vê, preocupações importantes desde o momento em que a árvore do conhecimento foi diversificando seus galhos, ao menos em manifestações críticas de grandes pensadores que compreenderam os riscos da hiperespecialização. A perspectiva interdisciplinar é uma das maneiras de resistir aos mecanismos fragmentadores da vida moderna, no que tange ao desenvolvimento do conhecimento parcelarizado e ao universo de práticas isolacionistas no mundo do trabalho, embora devamos evitar o discurso vago que, tal como criticado por Gusdorf, sugere enxergá-la como "uma espécie de panaceia epistemológica pronta a curar todos

---

27 As várias formas de alienação são discutidas por Marx nos *Manuscritos econômico-filosóficos* (1844). Mais tarde, com o direcionamento de suas análises para a compreensão do modo de produção capitalista, suas reflexões recaem nas formas de alienação mais específicas do sistema produtivo industrial (cf. MARX, 1971, p. 64-112). Cf. BARROS, 2011e, p. 223-245.

28 LEFEBVRE, 1958, p. 162 [original: 1945].

29 O conceito de "gaiolas epistemológicas" foi introduzido por Ubiratan D'Ambrósio (2016).

os males herdados pela consciência científica de nossa época"[30].

Por outro lado, se há uma sensibilidade comum com relação aos seus possíveis benefícios, já a definição mais precisa do conceito de interdisciplinaridade não é de modo algum consensual entre todos os pensadores que têm levado a sério a tarefa de assegurar uma instância de religação dos saberes para conter os isolamentos disciplinares.

Seria a interdisciplinaridade um mero diálogo entre disciplinas? Ou a palavra deve se referir – tal como sustenta Hilton Japiassu em *Interdisciplinaridade e patologia do saber* (1976) – a uma intercomunicação entre disciplinas que deve resultar necessariamente em "uma modificação entre elas, através de diálogo compreensível, uma vez que a simples troca de informações entre organizações disciplinares não constitui um método interdisciplinar"?[31]

3 O vocabulário da interdisciplinaridade

Antes de prosseguirmos será importante lembrar alguns outros conceitos que também se sintonizam com as propostas interdisciplinares. Nos dias de hoje, não é rara a utilização da palavra "transdisciplinaridade" para evocar uma cooperação entre várias disciplinas ou profissionais ligados às diversas áreas de saber – em um Projeto Integrado, por exemplo –, mas sem que a Pesquisa ou o Projeto tenha uma disciplina-base que cumpra o papel de canalizar ou centralizar os diálogos que se dão a partir dos diversos campos de saber em questão. Pode-se ainda lembrar as noções de multi ou pluridisciplinaridade, as quais investem no estudo do mesmo objeto por diferentes disciplinas, mas sem que haja significativamente uma perspectiva de convergência quanto aos conceitos e métodos. Diante desta última pers-

---

30 GUSDORF, 1977, p. 627.

31 JAPIASSU, 1976, p. 55.

pectiva, o nível interdisciplinar propriamente dito consistiria mais precisamente em uma integração das disciplinas no nível de conceitos e métodos, aspecto, de todo modo, a ser discutido mais adiante.

Ao lado destes sentidos também se utiliza com frequência a expressão "interdisciplinaridade" para designar uma prática que pode se estabelecer no interior de certo campo de saber com vistas às possibilidades de incorporar metodologias ou aportes teóricos oriundos de outras disciplinas, estabelecer diálogos bibliográficos com outros campos de saber, enriquecer a disciplina-base com pontos de vista oriundos de outras, e ainda abordar um certo objeto de análise comum a outros campos de saber. A interdisciplinaridade, ademais, liga-se modernamente à ideia de que a disciplina que se abre para o diálogo interdisciplinar produz, neste mesmo movimento, uma transformação efetiva em si ou um enriquecimento relevante em suas próprias perspectivas.

Para melhor clarificar as diferenças que podem ser pensadas entre estas três palavras – interdisciplinaridade, transdisciplinaridade, multidisciplinaridade (ou a sua coirmã, a pluridisciplinaridade) – devemos atentar para os prefixos que, em cada caso, entram na sua composição. Podemos aproximar, sem maiores problemas e sem perdas significativas, as noções de pluridisciplinaridade e multidisciplinaridade. Elas incorporam radicais latinos que se referem a "muito" (*multi*) ou "vários" (*pluri*)[32].

A multidisciplinaridade, conforme este prisma, corresponderia ao reconhecimento de uma diversidade de disciplinas, e ao empenho em oferecer boas condições para a sua convivência ou

---

32 A aproximação entre as expressões "pluri" e "multi" disciplinar como termos que não faz muito sentido distinguir, ao menos do ponto de vista de sua origem etimológica, é proposta, p. ex., por Olga Pombo (2008, p. 13). Já Hilton Japiassu prefere nuançar as duas expressões: a ideia de agrupamento apareceria em ambos os casos – o multi e o pluridisciplinar –, mas somente neste último surge decisivamente a preocupação de agrupar as disciplinas de modo a "fazer aparecer as relações entre elas" (JAPIASSU, 1976, p. 73-74).

mesmo cooperação[33]. Para além disso, autores que têm refletido sobre o que seria mais propriamente o *multidisciplinar* têm se dividido em apenas considerar que esta expressão se refere à mera convivência entre visões isoladas de um mesmo objeto ou em propor a ideia de que a experiência multidisciplinar pressupõe, ou pode em certos casos pressupor, uma efetiva convergência de disciplinas que devem incidir conjuntamente sobre o mesmo objeto:

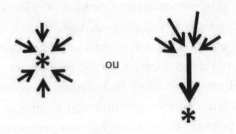

Figura 1
Duas perspectivas sobre a multidisciplinaridade

Nas duas representações gráficas acima procurei evocar estas duas diferentes interpretações ou leituras acerca do que seria a prática multidisciplinar, de modo a mostrar o sutil contraste que existe entre elas. Na primeira perspectiva de multidisciplinaridade temos um objeto que é analisado simultaneamente por diversas disciplinas. Poderíamos ter o exemplo de um projeto escolar no qual o conjunto de professores estabeleceu o plano temático de estudar com uma mesma turma de alunos o mesmo objeto, mas em momentos diferentes e de maneira isolada, oferecendo em cada

---

33 Alguns autores atribuem à ideia de multidisciplinaridade, de fato, o mero convívio justaposto de disciplinas. Julie Thompson Klein, p. ex., considera que a natureza do multidisciplinar é "essencialmente aditiva, e não integrativa" (KLEIN, 1990, p. 56).

momento os vieses de suas próprias disciplinas sem considerar propriamente as outras.

Na segunda perspectiva de multidisciplinaridade – representada pelas setas que, ao invés de convergirem cada qual para o mesmo objeto, convergem antes para um ponto comum para, a partir daí, formar-se uma nova seta – temos a ideia de que as diversas disciplinas confluem para estabelecer uma ação efetivamente integrada, sendo esta perspectiva compósita e complexa a que incide sobre o objeto. O exemplo também se aplica a projetos de pesquisa. Podemos ter a perspectiva na qual diversas disciplinas exploram o mesmo tema, e depois os pesquisadores apenas expõem uns para outros os resultados alcançados, ou a perspectiva na qual os pesquisadores se reúnem uma ou mais vezes para discutir como irão abordar conjuntamente o objeto. Com esta prática, uns dialogam com os outros. Ao final do processo temos não apenas a mera soma de diversas perspectivas distintas e localizadas que incidiram sobre o mesmo objeto, mas sim uma situação na qual o resultado final pertence a todos.

Embora estas duas práticas multidisciplinares sejam essencialmente diferenciadas – uma demarcada pela justaposição de resultados, e a outra incentivada pela convergência de ações com vistas à produção de um resultado comum –, ambas possuem certo patamar de similaridades. As disciplinas envolvidas, em um caso e outro, sempre conservaram muito bem guardadas as suas fronteiras. Os pesquisadores que as representam podem mesmo ter discutido e ajudado a que se produzisse um resultado integrado, no último caso, mas em nenhum momento abandonaram, deslocaram ou reconfiguraram as suas fronteiras.

Vamos evocar um exemplo concreto para entender estes dois modelos de multidisciplinaridade. Digamos que o tema é a Fome, e que uma instituição de ensino ou de pesquisa decidiu investir determinada verba com vistas à produção de um livro que discutisse o assunto envolvendo as perspectivas da biologia, nutrição, história, geografia, economia e literatura.

No primeiro modelo – o da multidisciplinaridade produzida pela justaposição de resultados obtidos por cada disciplina – o livro final poderia ser dividido em seis capítulos, nos quais os pesquisadores relacionados a cada um dos campos de saber indicados apresentassem os pontos de vista ligados ao seu próprio âmbito de pesquisa (a fome sob a perspectiva da nutrição, a fome sob a perspectiva da economia, e assim por diante).

No segundo caso – o da multidisciplinaridade produzida através da confluência de saberes que produzem um único ponto de incidência sobre o objeto – o livro produzido também poderia apresentar diversos capítulos, mas não compartimentados conforme cada saber que contribuiu para o empreendimento. Digamos que a divisão temática dos capítulos fosse temporal (a fome nas diversas épocas) ou espacial (a fome nas várias partes do mundo), e que os profissionais ligados aos saberes envolvidos atuassem todos na elaboração de cada capítulo, introduzindo neles os seus pontos de vista específicos e contribuindo ativamente para uma redação em comum. Poderiam fazer isso, tal como ocorreu no primeiro modelo, sem em nenhum momento abandonar as suas próprias fronteiras disciplinares. O diálogo estabelecido teria contribuído para que se alcançasse um resultado comum. Mas pode ser que não tenha havido sequer um verdadeiro entrelaçamento[34].

O exemplo do livro deve ser compreendido também como metáfora para situações diversas envolvendo o aspecto multidisciplinar: eventos reunindo pesquisadores e palestrantes de

---

34 Para antecipar uma discussão posterior, o mesmo tema da fome também pode ser trabalhado interdisciplinarmente, no sentido estrito que pode ter essa palavra. E isto pode ser feito mesmo que por um único pesquisador. Um exemplo clássico e particularmente notável é o livro *Geografia da fome*, de Josué de Castro (1946), o qual apresenta um estudo que entrelaça a geografia, história, antropologia, economia, nutrição, medicina e outros saberes. Produz-se aqui um novo saber, claramente múltiplo e complexo. Além disso, o próprio autor transforma-se através deste estudo. Como classificá-lo a partir daqui? Geógrafo, médico, nutricionista, antropólogo, historiador?

diversas áreas, montagem e funcionamento de laboratórios de pesquisa, planejamento e elaboração de currículos escolares ou relativos a qualquer outro nível de ensino, dinâmica de trabalho em instituições e conselhos de ensino ou pesquisa, fundação e constituição estrutural de institutos multidisciplinares, estabelecimento de práticas de pesquisa e de práticas de ensino, e assim por diante. A multidisciplinaridade (de um e de outro tipo) também pode se referir a um tipo de atitude individual ou coletiva no seio de cada um destes ambientes ou práticas.

Avancemos mais na discussão em torno do vocabulário da interdisciplinaridade. Com relação ao prefixo "trans", este é primordialmente de origem grega, embora depois tenha passado ao latim, e deve ser associado mais diretamente a ideias como "através de", "ultrapassagem de posições", "mudança"[35]. Podemos encontrar o movimento que pode ser associado ao prefixo "trans" em palavras como "transbordar" (ultrapassar as bordas, ou ir além das bordas). Na palavra "trânsito" podemos surpreender com bastante clareza essa mesma ideia de "movimento"[36]. Em "transformar" apreendemos a ideia de mudança, uma vez que aqui se tem em vista a ideia de mudança de forma ou de aspecto, ou de passagem de uma forma a outra.

A alternativa entre o "multi" ou o "trans", em vista da rápida discussão etimológica acima registrada, permite pensarmos nas expressões que agregam estes prefixos em dois caminhos distintos, os quais podem ou não ser complementares. O prefixo "multi" (ou o "pluri") implica o reconhecimento de fronteiras. O "trans", entrementes, implica um projeto de "transbordamento de fronteiras", ou pelo menos a ideia de que é preciso ir além do simples "reconhecimento de fronteiras" (ou do mero respeito

---

[35] É o mesmo espírito que encontramos em outros prefixos gregos, como "tra", "trás", "ter", os quais podemos encontrar em palavras como "traduzir", "traspassar", "tresloucado".

[36] Em latim, *transitus* é o particípio passado de *transire*, que corresponde a "ir através, cruzar".

37

pelas realidades diversas que coexistem em um mesmo espaço), de modo que se almeja examinar também como as diversas realidades se interpenetram, transformam-se mutuamente através de uma coexistência interativa, deixam-se afetar uma pela outra. Como um exemplo útil destes usos prefixais, pode-se evocar o reconhecimento das múltiplas identidades e realidades culturais no mundo contemporâneo, as quais são estudadas por áreas como a Antropologia, Sociologia ou História. Existem perspectivas teóricas que apresentam como principal meta o investimento no estudo da diversidade cultural. Elas também tendem a se definir diferentemente conforme utilizemos o prefixo "multi" ou "trans" antes da palavra "culturalismo". Assim, ao passo que o Multiculturalismo busca estabelecer fronteiras de reconhecimento entre as diversas culturas que coexistem em certa realidade social complexa ou em dada realidade política diversificada, o Transculturalismo procura direcionar sua ênfase de estudos para a fluidez entre estas fronteiras.

No interior deste vasto e multidiversificado campo de saber que é História, para trazer uma disciplina mais específica como exemplo, existe uma modalidade relativamente recente que é hoje denominada História Transnacional e que possui um projeto análogo. A ideia matriz deste campo histórico é ultrapassar os quadros historiográficos muito fixados pelos limites nacionais, mesmo porque certos objetos históricos não permitem isto, como por exemplo os estudos sobre os grandes impérios atlânticos do período moderno, os estudos acerca da diáspora negra ou das migrações, e ainda diversos outros temas que simplesmente não podem ser contidos pelas fronteiras nacionais e por isso precisam ser examinados a partir dos gestos epistemológicos do "cruzamento" ou da "interconexão"[37].

---

37 Referimo-nos, neste caso, às modalidades da História Cruzada ou da História Interconectada – importantes perspectivas historiográficas que se desdobraram da chamada História Comparada (cf. BARROS, 2014, p. 97-135).

Com relação ao prefixo latino "inter", este se relaciona ou à ideia de uma posição intermediária (mediadora), ou à perspectiva de "reciprocidade". No primeiro caso, o prefixo tem o mesmo uso de "entre" (uma coisa que se coloca entre duas outras). Vamos encontrá-lo em palavras como "intervir"[38], as quais se referem a uma mediação, ou mesmo em palavras como "interpretar", nas quais se apresenta o uso do prefixo com o sentido de "dentro"[39].

No segundo caso – o qual evoca a ideia de "reciprocidade" – aparecem palavras como "internacional" (o espaço que se estabelece entre as nações nas suas relações recíprocas, ou o universo maior que as abrange como um todo).

Com a palavra "interdisciplinaridade", o que se tem é exatamente esta ideia decisiva de reciprocidade. O espaço interdisciplinar é aquele que se forma a partir das diversas disciplinas ou campos de saber que precisam não apenas se confrontar e dialogar, mas agir um sobre o outro, além de permitir que a outra disciplina haja sobre ela mesma. A interdisciplinaridade, podemos aqui inferir, não se daria "por dentro" de uma disciplina, mas sim entre duas disciplinas ou mais[40].

Este sentido mais geral que pode ser atribuído à interdisciplinaridade, entrementes, deixa algo no ar. Afinal, se a interdisciplinaridade é o espaço de confronto e diálogo que se produz entre as diversas disciplinas, como se dá mais especificamente esse diálogo (ou esse confronto)? Trata-se de um monólogo de mão única ou

---

38 Palavra derivada, a partir do latim, do verbo *intervenire*, e que significa "vir por dentro", abarcando sentidos como o de "interferir", "intrometer-se", "imiscuir-se".

39 "Interpretar" significa "dar a conhecer por dentro". A palavra é formada pela junção do prefixo *inter* com o radical *prat* ("dar a conhecer").

40 Para evocar divisões, partilhas e diálogos que se estabelecem no interior de uma mesma disciplina, utilizaremos a palavra "intradisciplinaridade", que corresponde à formação de modalidades internas a um mesmo campo de saber. Assim, a Mecânica, Ótica, Astrofísica, Termodinâmica, ao lado de vários outros âmbitos de estudo, correspondem ao espaço intradisciplinar da Física. Na História podemos falar em História Econômica, História Política, História Cultural, Micro-História, e assim por diante.

de um diálogo de via dupla? Ou essa relação entre disciplinas se constitui, de modo bem diverso, em uma espécie de entrelaçamento? Quanto às disciplinas que são levadas a estabelecer uma relação recíproca, estas apenas se demarcam umas diante das outras, cada qual vigiando atentamente o seu território, ou interagem de alguma maneira? Transformam-se ou se deformam, de uma maneira ou de outra, neste complexo processo? De onde parte, por fim, a relação interdisciplinar: de uma disciplina para as outras, ou de todas elas em conjunto, a partir de práticas e aportes que confluem para um mesmo ponto? Questões como essas, que não são resolvidas ao nível etimológico, têm dado margem a muitas discussões conceituais.

Antes de prosseguirmos, convém também ressaltar que, neste livro, estaremos tratando de *disciplinas* como designação que remete aos próprios campos de saber que implicam pesquisa e produzem conhecimento, e não propriamente às disciplinas no sentido escolar e curricular. Existe uma vasta discussão mais específica sobre os currículos ao nível escolar, abordando a sua construção de uma perspectiva multi, pluri, trans ou interdisciplinar. Mas não é este, mais especificamente, o nosso escopo de reflexão neste livro, e sim a relação entre as disciplinas consideradas como campos de saber (expressão que empregaremos como sinônimas)[41].

Queremos nos perguntar como os diversos saberes se deslocam, expandem-se ou se contraem, isolam-se ou interagem uns sobre os outros a partir de perspectivas que se opõem ao isolamento disciplinar. Queremos ainda nos perguntar e percorrer exemplos que ilustrem como, no que concerne mais especificamente a certas descobertas de pesquisas e a surpreendentes sucessos na produção de conhecimento, foi exatamente o en-

---

41 Este sentido específico para a palavra disciplina como campo de saber começa a ser empregado desde o período renascentista. Sobre isto, cf. O ensaio "Disciplina e Interdisciplinaridade" de Heinz Heckhausen, inserido na coletânea POMBO; GUIMARÃES & LEVY, 2006.

contro de distintos campos de saber o que permitiu avanços importantes.

Para já adiantar um exemplo clássico, entre outros tantos possíveis, podemos lembrar a célebre descoberta da estrutura helicoidal do DNA, a qual se tornou possível graças à junção da perspectiva da química e da genética, e que ainda foi coroada pela colaboração final de um biólogo e de um físico (James Watson e Francis Crick); o que, aliás, valeu aos dois cientistas, no ano de 1962, o laureamento pelo prêmio Nobel de Medicina (uma quinta área disciplinar envolvida)[42].

4 Limites e Fronteiras

Com base na etimologia que discuti anteriormente, entenderemos a esfera da multidisciplinaridade através do princípio mais elementar que define essa expressão: o reconhecimento das diversas fronteiras e especificidades apresentadas pelos vários campos de saber. Conforme veremos adiante, a transdisciplinaridade também implica um modo de perceber e de agir com relação às fronteiras entre os diversos saberes. Entrementes, vai muito além do mero reconhecimento de fronteiras e atua a favor do seu transbordamento, mesmo que ocasional. Por ora, vamos nos ater ao caso da multidisciplinaridade.

De saída, é preciso esclarecer porque falamos aqui de "fronteiras", e não de "limites". A escolha de uma ou outra destas palavras não é de modo algum gratuita. Os limites são geralmente

---

42 O coroamento da história da elucidação sobre o DNA com o prêmio Nobel de Medicina para James Watson (n. 1928) e Francis Crick (1916-2004) também é particularmente interessante, uma vez que a longa história desta descoberta começa em 1860 com o trabalho conjunto desenvolvido pelo médico suíço Friedrich Miescher (1844-1895) e pelo químico alemão Félix Hopper-Seiler (1825-1895). Esta cooperação culminou em 1871 com a identificação da nucleína, a qual abriu um portal de novas possibilidades. A seguir, outro médico, o histologista Richard Altmann (1852-1900), acrescentou sua própria contribuição, o mesmo se dando com o bioquímico Albrecht Kossel (1853-1927). Os progressos no estudo do DNA, a partir daí, seguiram com importantes contribuições de estudiosos diversos até a época de Watson e Crick.

impositivos. As fronteiras constituem o espaço natural, cultural ou político do diálogo. O fato de haver mútuo reconhecimento de fronteiras entre os elementos pertencentes a realidades distintas (nacionais, culturais, científicas ou quaisquer outras) não quer dizer que não haja diálogo entre elas. Quem habita em zonas de fronteira entre dois países está muito familiarizado com esta ideia. A constatação de que dois indivíduos pertencem a realidades políticas diferenciadas, de que estes se inscrevem em distintas nacionalidades ou mesmo de que falam línguas distintas, por mais afastadas que estas sejam entre si, não impede que um diálogo entre eles se estabeleça. Os dois indivíduos podem se frequentar mutuamente, alimentar-se da cultura e do cardápio produzido na cultura vizinha, aprender com o outro, estabelecer relações comerciais, diplomáticas, ou de quaisquer tipos. Homens e mulheres originários de lados distintos de uma mesma fronteira podem estabelecer relações amorosas, casar-se e constituir família. De igual maneira, é na zona das fronteiras – não só físicas, como também culturais – que povos diversos, e também etnias, estabelecem interações que costumam redefinir suas maneiras de ser. As fronteiras, literalmente, constituem espaços de diálogo[43].

Dois ou mais países livres, que conservem boas relações – ou mesmo quando estão em guerra –, têm o seu território habitualmente entrecortado por fronteiras, no sentido pleno da palavra. Na guerra, ou como decorrência da guerra, as fronteiras podem inclusive se mover. De todo modo, as fronteiras começam a deixar de ser fronteiras e a se transformar em limites quando surgem normas muito claras de interdição coibindo o diálogo. As duas Alemanhas do período da Guerra Fria, ao menos no que concerne aos aspectos políticos e às coibições impostas aos ci-

---

[43] Fredrik Barth (1928-2016), p. ex., em um artigo intitulado "Grupos Étnicos e suas Fronteiras", trabalha com esta mesma perspectiva, demonstrando que as fronteiras não devem ser compreendidas como lugares de segregação e de ausência de contato (BARTH, 1998, p. 195).

dadãos de ir e vir livremente entre os dois países, apresentavam mais do que fronteiras entre si. O Muro de Berlim constituía, de fato, um limite, e não uma fronteira. E isso apesar de as duas populações, de cada lado da linha limítrofe, falarem a mesma língua e estarem ligadas historicamente à mesma antiga tradição.

A Multidisciplinaridade, ao reconhecer fronteiras, não deixa de reconhecer os diálogos possíveis, a necessidade de convivência entre os diversos campos de saber, a possibilidade de trabalharem em projetos em comum – o que, aliás, também pode ser feito entre dois países com fronteiras bem demarcadas entre si. Um Instituto Multidisciplinar, por exemplo, funda-se nessa ideia de reconhecimento da pluralidade de campos de saber e no princípio de que a sua proximidade em um mesmo espaço (físico ou institucional) é particularmente produtiva.

Por outro lado, existe um determinado momento ou certo espaço de experiências no qual o multidisciplinar começa a ser complementado com o transdisciplinar (pois se pode ter multidisciplinaridade combinada com transdisciplinaridade, ou não). Isso ocorre quando, além de reconhecer mais propriamente as fronteiras, e ao lado de convivermos amistosa e produtivamente com elas, deixamos que os campos de saber se afetem mutuamente. Ou, o que também é uma outra visão da questão, podemos dizer que a transdisciplinaridade entra em cena quando começamos a perceber como os diversos campos de saber se afetam uns aos outros, quer queiram, quer não.

5 Transdisciplinaridade

A passagem ou complementação do multidisciplinar com o transdisciplinar ocorre quando vamos além da mera justaposição respeitosa ou mesmo da simples troca de informações entre dois campos de saber, de modo que asseguramos uma feição realmente interativa entre os diversos tipos de especialistas que integram um projeto pluridisciplinar. O projeto transdisciplinar envolve mais do que apenas uma divisão de tarefas, ou a confluência dos esforços e talentos diversos para o alcance de determinada meta ou elaboração de certo produto final. A perspectiva transdisciplinar supõe que, no decorrer desse trabalho conjunto, um campo irá ajudar a transformar o outro, pelo menos durante algum momento. Se envolvemos um geógrafo, um historiador, um médico, um biólogo e um músico em algum projeto transdisciplinar, em algum momento, pelo menos, o profissional de cada um destes campos irá se permitir a uma transformação. Seus campos de saber (a geografia, história, biologia etc.), através do mergulho de cada um destes profissionais envolvidos em uma certa prática transdisciplinar, irão se entrelaçar em algum momento, abrir-se ao transbordamento de fronteiras.

A possibilidade de ser afetado por outros campos de saber também está presente na interdisciplinaridade – ou ao menos em alguns dos sentidos que são atribuídos a esta expressão. Podemos pensar a interdisciplinaridade, por outro lado, como um movimento ou expansão que ocorre a partir de uma disciplina específica, e que dela transborda. A Interdisciplinaridade, de acordo com esse viés, seria um movimento que parte do interior de uma disciplina, muito habitualmente como uma reação ao fato de que as "fronteiras" entre ela e outros campos estão ou estavam começando a ser tratadas como "limites" por uma parcela significativa dos praticantes do campo em questão.

Vista desta maneira, a interdisciplinaridade e a transdisciplinaridade guardam certa sintonia. Propomos distingui-las entre si a partir do tipo de ênfase que recai sobre a saudável prática do transbordamento ou de aprendizado de um campo em relação a outros campos de saber. A origem do gesto – interdisciplinar ou transdisciplinar – pode ser a base da distinção entre estas duas categorias, que na verdade são muito próximas. A transdisciplinaridade surge geralmente como um projeto estabelecido simultaneamente entre diversos campos de saber (ou entre grupos diversos constituídos por cada campo de saber). Já a interdisciplinaridade pode ser entendida a partir do anseio (ou mesmo da necessidade) de uma disciplina se renovar a partir da interação com outras[44].

Pode ocorrer também a convergência de dois movimentos interdisciplinares. Cada campo inicia um movimento em direção ao outro pelos seus próprios motivos, e ambos acabam se encontrando naturalmente, estabelecendo mútuas cooperações e possibilidades de se enriquecerem reciprocamente. Posso dar o exemplo de diversos movimentos entre historiadores e geógrafos surgidos nas últimas décadas. Os historiadores têm se dado conta cada vez mais de que a História não pode ser apenas entendida como "ciência dos homens no tempo", pois ela é também uma "ciência dos homens no espaço (ou em um lugar)", como ocorre também com a Geografia. Esta cada vez mais se apercebe de que todo espaço é construído temporalmente, historicamente. Desse modo, História e Geografia, através das percepções interdisciplinares que emergiram em cada um desses campos, têm fortalecido cada vez mais a sua fraternidade epistemológica nas últimas décadas, criando concomitantemente um espaço transdisciplinar entre os dois saberes.

É importante mencionar, ainda, a possibilidade de pensar o transdisciplinar em uma perspectiva mais globalizante, que visa coordenar todos os saberes em uma dinâmica interativa de intercâmbios. A realização de congressos mundiais de transdisciplinaridade, como o que ocorreu em Lisboa em 1994 e gerou

---

44 Uma perspectiva sobre o que seria o "gesto interdisciplinar", nesta direção, pode ser encontrada na seguinte formulação de Hilton Japiassu: "O verdadeiro espírito interdisciplinar consiste nessa atitude de vigilância epistemológica capaz de levar cada especialista a abrir-se às outras especialidades diferentes da sua, a estar atento a tudo o que nas outras disciplinas possa trazer um enriquecimento ao seu domínio de investigação e a tudo o que, em sua especialidade, poderá desembocar em novos problemas e, por conseguinte, em outras disciplinas. O espírito interdisciplinar não exige que sejamos competentes em vários campos do saber, mas que nos interessemos, de fato, pelo que fazem nossos vizinhos em outras disciplinas" (JAPIASSU, 1976, p. 138).

o Manifesto da Transdisciplinaridade, indica claramente esta possibilidade de sentido[45]. Os encaminhadores desta perspectiva globalizante da transdiciplinaridade, contudo, costumam alertar para a necessidade de não confundir este movimento com a ambição de constituir uma hiperdisciplina, ou tampouco o imperialismo de uma disciplina que coordenaria todas as outras. O Manifesto da Transdisciplinaridade atenta para a necessidade de se evitar este risco. Mas também Georges Gusdorf (1912-2000), um pensador que se apresenta mais propriamente como um partidário da interdisciplinaridade, alerta contra os danos que poderiam ser trazidos a uma perspectiva transdisciplinar por este tipo de ambição:

> a ordem transdisciplinar define uma posição-chave, da qual sonharão se apropriar todos aqueles que são atormentados pelas ambições do imperialismo intelectual. O matemático está inclinado a pensar que a matemática é a ciência das ciências; o historiador reclama a mesma prerrogativa para sua própria disciplina; no entanto outros podem reivindicar essa prioridade para o conhecimento biológico (para a história natural, a biologia, a psicologia, a medicina). A transdisciplinaridade praticada desta maneira é uma poltrona vazia, na qual todos ambicionam se sentar. Ela corresponde a um dos principais desafios da feira de vaidades intelectuais[46].

---

45 Cf. o texto do Documento Final deste Congresso em MORIN; NICOLESCU & FREITAS, 1994. Por outro lado, a expressão transdisciplinaridade foi cunhada pela primeira vez no I Seminário Internacional de Pluri e Interdisciplinaridade, realizado em setembro de 1970 na cidade de Nice, na França (pode ser atribuída a introdução do termo a Jean Piaget). A partir daí a expressão se fortalece, e é registrada em outros congressos, como o Colóquio de Veneza (1986) e o congresso *Ciência e Tradição – Perspectivas transdisciplinares para o século XXI*, realizado em 1991.

46 Cf. GUSDORF, 1977, p. 635-636. Note-se que, ao lado deste alerta, Gusdorf não deixa de reconhecer a transdisciplinaridade como uma proposta fascinante: "ela enuncia a ideia de uma instância científica capaz de impor sua autoridade às disciplinas particulares. Designa talvez um espaço de convergência, uma perspectiva de olhar que juntaria ao horizonte do saber, conforme uma dimensão horizontal ou vertical, as intenções e preocupações das diversas epistemologias".

Ao lado do conjunto de perspectivas que situam a transdisciplinaridade em uma espécie de dimensão supradisciplinar, para a qual confluem tanto as diversas combinações possíveis entre disciplinas como os próprios pesquisadores animados por uma atitude transdisciplinar, é importante lembrar que os congressos mundiais de transdisciplinaridade também produziram documentos básicos que atribuem à transdisciplinaridade um papel mais amplo: ecológico, social, político e planetário. É o caso da *Carta da Transdisciplinaridade*, elaborada por Morin, Nicolescu e Freitas para o I Congresso Mundial de Transdisciplinaridade realizado em Lisboa (1994), ou da *Síntese do Congresso de Locarno*, cujo tema central do encontro, realizado em 1997, correspondeu a uma indagação: "Que Universidade Amanhã?"[47] Nestas propostas, a transdisciplinaridade não se coloca apenas como uma solução para a crise do conhecimento, mas alinha-se a outras tentativas de solucionar a crise planetária.

Para os nossos fins mais imediatos, todavia, podemos voltar à busca de uma distinção básica entre a transdisciplinaridade e a interdisciplinaridade. Neste livro assumiremos a opção pela compreensão do conceito de "interdisciplinaridade" como uma orientação que parte do interior de uma disciplina que deseja (precisa) renovar-se a partir de outras. E reservaremos o vocábulo próximo – "transdisciplinaridade" – para o movimento de encontro iniciado de ambos os lados, ou mais propriamente para a convergência de saberes.

6 Indisciplinaridade e Circundisciplinaridade

Para além dos conceitos de interdisciplinaridade, multidisciplinaridade e transdisciplinaridade, outras variações teóricas também têm sido aventadas. Há autores que preferem, por exem-

---

47 Documentos incluídos em SOMMERMAN, A. et al. (orgs.). *Educação e transdisciplinaridade II*. São Paulo: Triom, 2002, p. 193-197, 198-202.

plo, falar em "indisciplinaridade". O que justificaria introduzir esta nova expressão, ao lado das outras já discutidas, seria a recusa das fronteiras entre as disciplinas. A noção de interdisciplinaridade, por exemplo, admite as disciplinas, e procura estabelecer um diálogo com elas, particularmente a partir de uma delas. Já a transdisciplinaridade, por sua vez, procura estabelecer um diálogo entre as disciplinas sem ancorar a sua prática em uma base disciplinar principal – como por exemplo ocorre com as pesquisas transdisciplinares que envolvem profissionais de vários campos de estudos em torno de um objeto comum. Mas a indisciplinaridade ampara-se mais audaciosamente na ideia de rejeitar, de alguma maneira, as próprias fronteiras estabelecidas entre as disciplinas. Em certos casos, rejeita-se mesmo o conceito de disciplina.

Essa é a perspectiva mais específica que se mostra, por exemplo, no livro *Comunicação e significado: escritos indisciplinares*, de autoria de José Carlos Rodrigues (2006). Existiriam autores, conforme esta perspectiva, tipicamente "indisciplinares", e um dos exemplos que poderiam ser evocados é o de Michel Foucault (1926-1984), um autor que inspira certa dificuldade em classificar exclusivamente em algum dos campos disciplinares que têm acento nas universidades. Seria Foucault um filósofo, historiador, cientista político, ou mesmo psicanalista?

De toda maneira, sempre se pode propor uma retomada do debate: Foucault, ao lado de outros autores de difícil classificação, seria interdisciplinar ou indisciplinar? Ou a indisciplinaridade deveria ser compreendida à luz de uma atitude mais definida de revolta contra a imposição de fronteiras disciplinares, inclusive no que concerne aos atuais quadros curriculares que enquadram os diversos campos de saber? Por fim, já foi também aventado o conceito de circundisciplinaridade, mas em muito poucas ocasiões e sem ficar muito claro ainda o que significaria. Ivani Fazenda, autora que há muitos anos se dedica ao estudo e delimitação da interdisciplinaridade, e sempre enfatizando mais o campo da educação nas suas diversas obras, relaciona ao termo "circundisciplinaridade" alguns aspectos:

> Tratamos nesse caso do que poderíamos chamar interação envolvente sintetizante e dinâmica. Uma estrutura dialética, não linear e não hierarquizada, onde o ato profissional de diferentes saberes construídos pelos professores não se reduz a saberes disciplinares[48].

A expressão é interessante, ao evocar um novo prefixo que traz mais algumas potencialidades de sentido, além de proporcionar novas imagens:

Figura 2
Imagens inspiradas no conceito de circundisciplinaridade

Na definição atrás evocada, entretanto, não fica ainda muito claro o que o termo circundisciplinaridade traria de novo em relação a outras expressões da série. Afinal, o "não linear" e o "não hierarquizado" também poderiam perfeitamente se referir ao "transdisciplinar", ao menos quando esta expressão evoca a confluência de diversas disciplinas sem que a iniciativa parta de uma só delas, ou sem que o processo seja capitaneado por uma disciplina dominante[49]. Por outro lado, a menção aos "saberes não disciplinares" é um aspecto interessante. Seria esse o distintivo que aqui justifica o uso de uma nova expressão – este "olhar em volta", para além do universo de saberes sistematizado pelas

---

48 FAZENDA, 2015, p. 6.

49 Assim, p. ex., o artigo 3 da Carta da Transdisciplinaridade, produzida em 1994 no I Congresso Mundial de Interdisciplinaridade, já indicava que "A Transdisciplinaridade não procura a dominação de várias disciplinas, mas a abertura de todas as disciplinas ao que as atravessa e as ultrapassa" (MORIN; NICOLESCU & FREITAS, 1994). O "não linear" e "não hierárquico", deste modo, já estão implicados neste conceito mais antigo.

disciplinas reconhecidas como tal?[50] Ou estaria a novidade desta noção na perspectiva englobante evocada pela menção a uma "interação envolvente"?

Circum é um prefixo que autoriza tanto a ideia do globalizante (do globo, da esfera) com a consequente "envolvência" implicada nesta imagem, como também pode se referir à ideia do estar atento ao que está em volta ou de circular mais audaciosamente por certo espaço de saberes diversos (fazer o périplo?; circumnavegar em torno de um lugar?; investigar tudo o que existe em torno, sem nada negligenciar?). Se pensarmos no indivíduo que produz o conhecimento, o circundisciplinar não poderia também se referir ao sujeito que, ainda que de sua base disciplinar, está sempre muito atento, e mesmo curioso, em relação aos saberes circundantes? Viajar e voltar ao seu porto seguro, ou ao seu local de origem, também é circum-navegar. Há também a viagem em espiral, na qual tanto se alcança o novo a cada momento como periodicamente se tem um retorno em nova perspectiva. Circundisciplinaridade é uma palavra interessante, certamente.

Concluído este exame mais geral do vocabulário da interdisciplinaridade, pode-se perguntar, por fim, ao comparar os três principais prefixos que ampliam os horizontes disciplinares –

---

50 Em todo o caso, o artigo 5 da "Carta da Transdisciplinaridade", elaborada por Morin, Nicolescu e Freitas para o I Congresso Mundial de Interdisciplinaridade (1994), já indicava esta atenção especial aos saberes não necessariamente disciplinares como uma característica da Transdisciplinaridade: "A visão transdisciplinar é deliberadamente aberta na medida em que ela ultrapassa o domínio das ciências exatas pelo seu diálogo e a sua reconciliação não somente com as ciências humanas, mas também com a arte, a literatura, a poesia e a experiência interior" (MORIN; NICOLESCU & FREITAS, 1994). Transdisciplinar, neste sentido, não é aqui apenas a superação do isolamento disciplinar (o isolamento de uma disciplina em relação a cada uma das outras), mas também a superação do isolamento do conjunto de disciplinas científicas em relação a outros saberes, como a arte e a experiência mística. Isso reforça, aliás, o que diz o artigo 4 do mesmo documento, ao indicar que "o elemento essencial da transdisciplinaridade" reside na simultaneidade dos aspectos "através" e "para além" das disciplinas.

multi, inter, trans – se cada um deles poderia ser relacionado a um gesto único, ou a uma só atitude que resumisse o tipo de relação que se estabelece entre duas ou mais disciplinas no processo de superação da disciplinaridade rígida. Olga Pombo (2008), por exemplo, propõe um crescente de gestos que poderiam ser pensados em uma espécie de *continuum* que cresce em intensidade no que se refere ao comprometimento com as trocas efetivas entre os saberes. O multi corresponderia a uma "coordenação" (ou, como já se disse, à justaposição); o inter à "combinação", e o "trans" à "fusão". Assim, nas palavras da autora, poderia ser pensado um *continuum* "do paralelismo pluridisciplinar ao perspectivismo e convergência interdisciplinar e, desta, ao holismo e unificação transdiciplinar"[51]. Ou, em outros termos, haveria na multidisciplinaridade um "paralelismo" entre saberes; na interdisciplinaridade uma "convergência" amparada em uma postura perspectivística, e na transdisciplinaridade uma "unificação" ancorada em uma visão holística[52].

A ideia de "fusão" atribuída à transdisciplinaridade, todavia, deve ser operacionalizada com cautela. A já discutida *Carta da Transdisciplinaridade* – de Morin, Nicolescu e Freitas (1994) – alerta no seu artigo 7 que a transdisciplinaridade não deveria constituir uma "ciência das ciências". De todo modo, a perspectiva da fusão, aplicada à compreensão da transdisciplinaridade, pode se referir mais propriamente a este instante em que ambas as disciplinas assimilam-se uma à outra por ocasião do diálogo entre os dois saberes, à maneira de um enlace amoroso.

Todas estas perspectivas e debates são importantes neste momento atual (e, de certo modo, crítico) em que a complexidade do conhecimento humano atingiu níveis jamais previstos[53].

---

51 POMBO, 2008, p. 14.

52 Ibid., p. 40.

53 O quarto parágrafo do Preâmbulo da já mencionada *Carta da Transdisciplinaridade* (1994), inclusive, contrapõe este crescimento exponencial do conhe-

Mesmo a indisciplinaridade, com sua afronta à total sujeição da produção científica ao conceito mesmo de "disciplina", traz uma contribuição importante para o debate. Entrementes, como o presente livro dispõe-se a contribuir para a ampliação de horizontes nos diversos campos de saber, vamos nos concentrar a partir daqui nas perspectivas que não rejeitam de todo o atual sistema de saberes que estrutura o conhecimento produzido nas universidades, instituições de ensino e centros de pesquisa. Nesta linha de reflexão, veremos a seguir que o conceito de interdisciplinaridade pode ser mais eficientemente compreendido a partir da própria noção de "disciplina".

---

cimento ao "empobrecimento interior" da humanidade contemporânea: "Considerando que a rotura contemporânea entre um saber cada vez mais cumulativo e um ser interior cada vez mais empobrecido conduz à escalada de um novo obscurantismo, cujas consequências no plano individual e social são incalculáveis" (MORIN; NICOLESCU & FREITAS, 1994).

II
Disciplinas

7 O que é uma disciplina

A digressão que aqui será encaminhada, conforme foi sugerido no primeiro capítulo, é estritamente necessária[54]. Como compreender adequadamente o que é a interdisciplinaridade, em cada uma das suas implicações, se não delimitarmos com toda a precisão possível o que é uma disciplina? Comecemos, então, por pensar em algumas questões fundamentais. O que constitui um campo de saber como disciplina?

Que história, ou que histórias, levam um determinado conjunto de práticas, representações e modos de fazer – certo universo de perspectivas sobre a realidade e de procedimentos para apreendê-la e trabalhar sobre ela, enfim – a se delimitar e a se definir gradualmente, até que esse conjunto adquira finalmente uma identidade suficientemente forte para que, a partir dele, passem a se nomear profissionalmente os praticantes da nova disciplina? Que elementos mínimos, enfim, são necessários para que se constitua efetivamente um campo disciplinar, e para que este se mantenha frente a outros saberes?

Estas questões, e outras mais, podem e devem ser colocadas para cada um dos campos de saber que merecem nos dias de hoje um assento universitário, e mesmo para outros que ainda não

---

54 Este capítulo retoma, amplamente, um dos capítulos iniciais do primeiro volume da coleção Teoria da História (BARROS, 2011a).

adentraram o espaço acadêmico, mas cuja identidade acha-se suficientemente fortalecida para ofertar aos seus praticantes o nome de uma disciplina e o sentimento de pertença a um sistema de objetos e práticas em comum. Física, Química, Biologia, Astronomia, Economia, História, Geografia, Antropologia, Musicologia... poderíamos estender, quase à exaustão, o número de exemplos a serem dados para campos disciplinares.

Nosso objetivo neste capítulo será refletir mais sistematicamente sobre as categorias essenciais que devem estruturar todos e cada um dos diversos campos disciplinares. Trata-se, neste momento, de definir os aspectos essenciais que contribuem para definir um campo disciplinar, *qualquer* que seja ele.

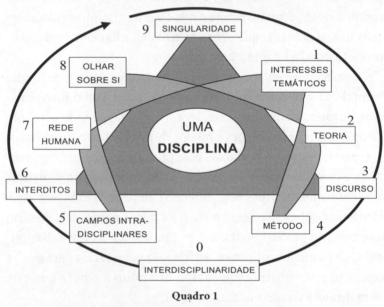

Quadro 1
Dimensões presentes em uma disciplina

Por outro lado, também é oportuno considerar que sempre emerge alguma "história" quando começamos a nos indagar sobre o que significa falar de um determinado conjunto de práticas, concepções e objetos de estudo como um campo específico de conhecimento, ou como uma "disciplina" (na acepção científica da palavra). Todo "campo disciplinar", seja ele qual for, é em última instância histórico, no sentido de que vai surgindo ou começa a ser percebido como um novo campo disciplinar em algum momento, e que depois disso não cessa de se atualizar, de se transformar, de se redefinir, de ser percebido de novas maneiras, de se afirmar com novas intensidades, ou de se reinserir no âmbito dos diversos campos de produção de conhecimento ou de práticas específicas. Um campo disciplinar é *histórico* mesmo no que se refere às suas regras, que podem ser redefinidas a partir de seus embates internos, em alguns casos. "O campo é um jogo no qual as regras do jogo estão elas próprias postas em jogo"[55].

8 Instâncias que configuram um campo disciplinar

Que instâncias são partilhadas por todos e por cada um dos diversos campos de saber? Buscaremos, neste momento, aquilo que toda disciplina necessariamente precisa desenvolver para se constituir. O "Quadro 1" orientará nossa reflexão relativa a esses diversos aspectos que envolvem ou estão envolvidos na constituição, afirmação e transformações de um "campo disciplinar" de saberes e práticas. Começaremos por aquilo que é de certo modo um evidente lugar-comum: toda disciplina é constituída, antes de tudo, por certo "campo de interesses temáticos" **(1)**, o que inclui desde um interesse mais amplo que define este campo como um todo, até um conjunto mais privilegiado de objetos de estudo e de temáticas a serem percorridas pelos seus praticantes (ou de desafios a serem enfrentados, para o caso dos campos disciplinares que, tal como a Medicina, envolvem também uma prática).

---

55 Depois destas palavras, Pierre Bourdieu (1930-2002) acrescenta em sua "teoria dos campos" que "qualquer que seja o campo, ele é objeto de luta tanto em sua representação quanto em sua realidade" (BOURDIEU, 2003, p. 29).

Pode ocorrer que certas disciplinas partilhem, inclusive, um certo interesse em comum – por exemplo, o interesse das chamadas "ciências humanas" pelo estudo daquilo que é humano –, mas é também fato que em certo nível de profundidade surge sempre, para que se possa falar em uma disciplina com identidade própria, algum tipo de *singularidade*, o que nos levará ao próximo item.

Assim, a História, que tem em comum com a Antropologia, a Sociologia ou a Psicologia o estudo do *Homem* – e que, portanto, partilha com estas ciências alguns de seus objetos de estudo – a certa altura deverá ser definida como a ciência que coloca no centro de seu campo de interesses "o estudo do *homem* no *tempo*".

Os objetos da história, em que pese que pareçam coincidir em um primeiro momento com os objetos possíveis às demais ciências sociais e humanas, serão sempre objetos "historicizados", "temporalizados", marcados por uma atenção à mudança em alguns de seus níveis.

Pode se dar também que o centro de interesses de uma disciplina esteja situado em uma confluência, em uma conexão de saberes, e este é certamente o caso da Astrofísica, da Medicina Penal, da Filosofia da Ciência, ou de qualquer outra disciplina que, por vezes em seu próprio nome, não deixa dúvidas com relação ao caráter híbrido de sua esfera mais direta de interesses[56].

A esta questão voltaremos oportunamente, e desde já cumpre observar que o conjunto de interesses temáticos de uma disciplina, particularmente no que se refere aos seus desdobramentos e possibilidades de objetos de estudos, também está sujeito a transformações no decorrer de sua própria história.

---

56 Alguns autores chamam a estes campos formados pelo encontro de dois campos de saber de "interdisciplinas".

9 A singularidade de um campo de conhecimento

Seguindo além, uma consequência imediata do que se disse aponta para o fato de que cada disciplina possui a sua *Singularidade* (9), aqui entendida como o conjunto dos seus parâmetros definidores, ou como aquilo que a torna realmente única, específica, e que justifica a sua existência – em poucas palavras: aquilo que define a disciplina em questão por oposição ou contraste em relação a outros campos disciplinares[57]. Em um polo oposto será preciso entender o fenômeno inverso: embora cada campo de saber apresente certamente uma singularidade que o faz único e lhe dá identidade, não existe na verdade um só campo disciplinar que não seja construído e constantemente reconstruído por diálogos (e oposições) interdisciplinares. Queiram ou não os seus praticantes, toda disciplina está mergulhada na *Interdisciplinaridade* (0), questão que examinaremos em maior profundidade no decorrer dos diversos capítulos do presente livro, e por isso não enfatizaremos muito neste momento.

Por enquanto, é preciso sempre ter em vista que, para se constituir no seio de uma rede já existente de saberes, cada novo campo de saber precisa enfrentar por vezes duras lutas com campos já estabelecidos, nos quais frequentemente se verá inserido em uma verdadeira disputa territorial, ou pelo menos em uma partilha interdisciplinar, além de enfrentar o desafio de mostrar a capacidade e potencialidade para se posicionar com eficácia diante de antigos e novos problemas que as disciplinas mais tradicionais também já vêm enfrentando com seus próprios

---

57 A "singularidade", em que se considere sua ligação direta com o "campo de interesses", deve ser referida aqui aos parâmetros que definem irredutivelmente a disciplina (no caso da História, p. ex., a consideração do tempo, o uso de fontes), e não aos "objetos de estudo" privilegiados pelos seus praticantes, que já constituem mais propriamente o "campo de interesses" da disciplina. Uma coisa, é claro, está ligada à outra; mas são itens distintos. É possível abordar um determinado "campo de interesses" a partir de certa "singularidade" que já é específica da disciplina. Os grupos sociais (um mesmo objeto) podem ser examinados de modos distintos pela História, pela Antropologia ou pela Sociologia.

métodos e aportes teóricos. Desta maneira pode-se dizer que o processo de surgimento de um novo campo disciplinar adquire, não raras vezes, muito mais a aparência de uma verdadeira luta que se dá no interior da arena científica do que a aparência de um parto. E esta luta, bem como os laços de solidariedade que também se estabelecem entre os novos e antigos campos de saber, dão-se todos no seio de uma intensa e necessária interdisciplinaridade, diante da qual tudo o que é novo tem de se apresentar diante do conhecimento já estabelecido e por vezes institucionalmente já consolidado.

Não é raro, aliás, que um novo campo de saber surja a partir de certos desdobramentos de um campo disciplinar já existente, ou que se desprenda deste campo original adquirindo identidade própria, ou mesmo que o novo campo disciplinar se forme a partir de elementos dispersos oriundos de vários outros campos. Podemos, a título ilustrativo, trazer o exemplo da Biologia. Esta expressão, que logo daria origem à designação deste campo de estudos hoje tão conhecido, foi cunhada em 1800 pelo médico alemão Karl Friedrich Burdach (1776-1847), e dois anos depois seu significado foi aperfeiçoado e fixado pelo naturalista alemão Gottfried Treviranus[58]. Todavia, até fins do século XVIII, a maior parte "objetos de interesse" que hoje são específicos da Biologia, bem como certos aspectos que constituem hoje a sua "singularidade", estavam na verdade espalhados em outros campos de saber, tais como a Medicina – notadamente naquelas de suas especialidades que estudavam a "anatomia" e a "fisiologia" humana –, a Botânica então (muito praticada pelos médicos interessados em conhecer os potenciais curativos das ervas naturais) e a História Natural, que era na época praticada por pesquisadores os mais diversos, tais como os geólogos que procuravam inserir a história dos seres vivos na História da Terra, e os teólogos que se preocupavam em mostrar como a natureza

---

58 SCHILLER, 1968, p. 64.

estava perfeitamente ajustada à ideia religiosa da Criação Divina[59]. Gottfried Treviranus (1776-1837), médico e naturalista alemão que se tornaria autor de uma teoria da transmutação das espécies, viu a necessidade de constituir um estudo unificado de todos os seres vivos (plantas e animais), e sua nova maneira de ver as coisas foi logo acompanhada pelo naturalista francês Jean-Baptiste de Lamarck (1744-1829). Pode-se dizer que, desde então, aqueles elementos de estudo que hoje são vistos como tipicamente "biológicos", e que antes estavam a cargo de outros campos de saber, começaram a migrar para formar este novo campo disciplinar que hoje é definido como "Biologia". Isto foi acontecendo aos poucos, no decorrer do século XIX[60], até que o novo campo disciplinar se visse perfeitamente consolidado[61].

A Biologia nos fornece um exemplo de campo disciplinar que se origina a partir de elementos antes dispersos e que recolhe seus objetos de interesse de outras áreas de estudo, até que, a partir daí, cria algo novo, uma nova "singularidade". Há tam-

---

59 MAYR, 1998, p. 53.

60 Cf. MENDESLSOHN, 1965.

61 Sintoma desta *gradual* consolidação da Biologia como campo disciplinar, antes de seu estabelecimento definitivo, é o fato de que, do século XIX a inícios do século XX, ainda se construiu nos termos da expressão "naturalista" a identidade de pesquisadores que hoje poderiam se autoidentificar como biólogos. É como naturalista que se apresenta Charles Darwin (1809-1882), ou também o naturalista alemão Ernst Haeckel (1834-1919), que depois proporia a expressão "ecologia" com vistas a delimitar um âmbito de estudos voltado para a relação entre os seres vivos e seu meio ambiente. Mais tarde, a Ecologia alcançaria, ela mesma, o *status* de campo disciplinar. / Também é interessante o fato de que a Biologia extrai seu campo de interesses de um conjunto de objetos que antes estava disperso por outros campos disciplinares preexistentes. Entre estes estava a Botânica, que mais tarde terminaria por ser anexada como uma de suas modalidades intradisciplinares da Biologia, a qual também anexou um ramo da Medicina – a Anatomia. Nos dias de hoje, tal como a Zoologia, Genética ou Fisiologia, a Botânica e a Anatomia constituem espaços intradisciplinares da Biologia. São bem complexos os vários movimentos que se dão no interior do vasto universo dos campos disciplinares, e, neste processo, assim como alguns campos terminam por se separar de outros, outros terminam por anexar campos preexistentes.

bém campos disciplinares que são literalmente produzidos em uma interconexão, formando interdisciplinas que logo fixam as suas próprias fronteiras. A Musicoterapia – campo disciplinar que procura explorar as potencialidades terapêuticas da música – surge a partir do Pós-Guerra, na conexão entre a Medicina e a Música. Assim também ocorreu com a Astrofísica, que, para abordar novos tipos de problemas relacionados aos objetos celestes, precisou incorporar competências tanto dos físicos como dos astrônomos. Como estes, floresceram no século XX muitos outros campos de saber formados por necessidades de combinar competências advindas de campos distintos[62]. Pode ocorrer ainda que dois campos de saber separados se agrupem para formar um só, fortalecendo-se mutuamente a partir de uma unidade.

A dinâmica de transformações no vasto universo que abarca os campos disciplinares, como se vê, produz um eterno movimento: novos campos podem surgir, e outros desaparecer; uns podem se desprender de outros, e alguns podem se formar do casamento entre duas ou mais perspectivas disciplinares. Há também o caso das "refundações", e esta ideia parece ser bem adequada para entender a história da História, uma vez que esta correspondia a um campo de práticas e expressões já milenar quando, a partir de fins do século XVIII e inícios do XIX, será como que "refundada"[63] para se constituir como "historiografia científica", sem deixar, aliás, de incorporar nesta operação ele-

---

[62] Nada impede, tal como ressalta o matemático brasileiro Ubiratan D'Ambrosio, que também estes novos saberes, produzidos pela necessidade de favorecer novos voos, logo recaiam, eles mesmos, em novas "gaiolas epistemológicas": "A interdisciplinaridade teve um bom desenvolvimento no século passado e deu origem a novos campos de estudo. Surgiram a neurofisiologia, a físico-química, a mecânica quântica, a bioquímica e muitas outras. Inevitavelmente, essas áreas interdisciplinares foram criando métodos próprios e definindo objetos próprios de estudo e, como consequência, tornaram-se disciplinas em si e passaram a mostrar as mesmas limitações das disciplinas tradicionais. A transdisciplinaridade procura ir além das disciplinas, das multidisciplinas e das interdisciplinas" (D'AMBROSIO, 2016, p. 224).

[63] WEHLING, 2006, p. 175.

mentos dispersos. A partir desta refundação, e da consolidação do estatuto do "historiador profissional", pode-se dizer que a História passa de um conjunto de práticas muito diversificadas – da história dos cronistas à dos antiquários, dos filósofos da história e dos teólogos – para a formação de uma matriz disciplinar mais bem definida, que se verá oportunamente.

A formação da Psicologia como campo disciplinar nos oferece um curioso exemplo. Em 1908, Hermann Ebbinghaus (1850-1909), um dos pioneiros na psicologia experimental, proferiu uma enigmática frase: "a Psicologia possui um longo passado, mas uma história curta"[64]. Com isto, ele queria ilustrar o fato de que, ainda que desde a Antiguidade vários pensadores já viessem se dedicando ao estudo dos comportamentos humanos e dos processos mentais e perceptivos, não foi senão a partir de fins do século XIX que a Psicologia finalmente se desprendeu da Filosofia.

Por outro lado, nessa mesma operação de desprendimento em relação à Filosofia, ao modo de um bem-articulado duplo movimento, a Psicologia aproximou-se concomitantemente da Psiquiatria, que já vinha se constituindo como campo desde o século XVIII, já por desprendimento em relação à Medicina, da qual mesmo hoje é ainda considerada, alternativamente, um campo intradisciplinar. Alguns dos objetos da Psicologia passariam a ser partilhados, então, com este outro saber que é a Psiquiatria, apesar dos métodos e tecnologias de apoio diferenciados que são usados por um e por outro destes campos disciplinares. Nos anos de 1890, também de dentro da Medicina, Sigmund Freud (1856-1939) terminaria por constituir um campo novo, a Psicanálise, baseado em um método muito específico[65]. A partir daqui, temos

---

64 ZIMBARDO & GERRIG, 2004, p. 10.

65 O método terapêutico desenvolvido por Freud, com vistas a tratar de casos de neurose e psicose, consistia fundamentalmente da interpretação dos conteúdos inconscientes de palavras, ações e produções imaginárias do paciente, com base nas associações livres e na *transferência*. O novo campo de saber, a

bem constituídos os três "saberes psi": Psicologia, Psicanálise e Psiquiatria. Os campos disciplinares, como podemos ver a partir destes exemplos e de diversos outros, também se produzem a partir de movimentos de afastamento e de aproximação.

10 Os campos intradisciplinares

Para considerar mais um aspecto que se converte em dimensão integrante de qualquer campo disciplinar é preciso ressaltar que a história do conhecimento científico e da Modernidade tem sido tal que, ao desenvolver ou ultrapassar certo nível de complexidade, cada campo de saber começa a gerar especializações e desdobramentos internos – campos *intradisciplinares* (5), por assim dizer. Se um campo disciplinar não apresenta ainda suas especializações – como a Física que se subdivide em Mecânica, Ótica, Termodinâmica, Física Nuclear, e assim por diante – qualquer disciplina cedo começa a se partilhar ao menos em possíveis "campos de aplicação", ou qualquer outro tipo de organização interna que corresponda a uma espécie de divisão do trabalho intelectual e prático.

Esta subdivisão interna dos campos disciplinares é a regra nos saberes mais antigos, que tiveram tempo suficiente para multificar seus objetos e práticas. A Medicina, por exemplo, conhece inúmeras especializações como a Pneumologia, Pediatria, Cardiologia, Ortopedia, Ginecologia, e tantas divisões quantas possamos imaginar em relação aos âmbitos humanos da saúde e da doença. Também formou interdisciplina na conexão com outros campos de saber, a exemplo da Medicina Legal, produzida no seu encontro com as ciências jurídicas.

Psicanálise, configurou-se deste modo a partir de um novo aparato conceitual, fundado em torno da noção central de inconsciente, e com base em uma metodologia clínica específica.

No caso da História, é bem evidente a vertiginosa multiplicação de "campos históricos" a partir do século XX, dando origem a inúmeras modalidades como a História Econômica, a História Cultural, a Micro-História e tantas outras, ao lado de outras que já existiam nos séculos anteriores como a "História Política", a "História Militar" ou a "História da Igreja"[66]. Essa tendência ao desdobramento interno e à crescente especialização – que se apresenta como característica de praticamente todos os campos disciplinares no período contemporâneo – tem sido um aspecto inerente à história do conhecimento na civilização ocidental, sobretudo a partir da Modernidade, o que não impede que os efeitos mais criticáveis do hiperespecialismo sejam constantemente compensados pelos movimentos interdisciplinares e transdisciplinares, voltados para uma "religação dos saberes" em um mundo no qual os campos de produção de conhecimento vivem a constante ameaça do isolamento[67].

11 Teoria, Método e Discurso

Para além do que até aqui foi discutido, três aspectos basilares devem ser considerados quando se fala na constituição de

---

66 Não se trata aqui, apenas, da multiplicação de campos históricos relativamente a uma ampliação de objetos de interesse dos historiadores. O fenômeno mais significativo é que – além da ampliação deste "campo de interesses" dos historiadores e de sua tendência à especialização em relação a alguns de seus objetos – a comunidade profissional dos historiadores passa cada vez mais a elaborar uma leitura do "Campo da História" a partir destas diversas modalidades historiográficas, ou destes "campos históricos". Cada vez mais, a partir do século XX, os historiadores incorporam a prática de enxergar o seu próprio ofício e a sua disciplina nos termos destas diversas modalidades. Rigorosamente falando, não se falava em uma "História Política" no século XIX, embora fosse este o tipo de história que então predominava. Falava-se simplesmente em "História". Mas no século XX surgirão efetivamente, no vocabulário dos historiadores, as várias designações que já denunciam uma nova visão da historiografia, organizada em modalidades internas. Sobre o assunto, cf. BARROS, 2004, p. 9-22.

67 Para um exemplo significativo, cf. a coletânea *A religação dos saberes* (MORIN, 2002).

um "campo disciplinar". Eles se relacionam ao fato de que nenhuma disciplina adquire sentido sem que desenvolva ou ponha em movimento certas teorias, metodologias e práticas discursivas (2 a 4). Mesmo que tome emprestados conceitos e aportes teóricos originários de outros campos de saber, que incorpore métodos e práticas já desenvolvidas por outras disciplinas, ou que se utilize de vocabulário já existente para dar forma ao seu próprio discurso, não existe disciplina que não combine de alguma maneira *Teoria*, *Método* e *Discurso*. Bem-entendido, um campo disciplinar não se desenvolve no sentido de possuir apenas uma única orientação teórica ou metodológica, mas sim de apresentar um certo repertório teórico-metodológico que é preciso considerar, e que se torna conhecido pelos seus praticantes, gerando adesões e críticas várias. Da mesma maneira, o desenvolvimento de um campo disciplinar acaba gerando uma linguagem comum através da qual poderão se comunicar os seus expoentes, teóricos, praticantes e leitores. Há mesmo campos disciplinares que acabam gerando certo repertório de jargões, facilmente reconhecível como dialeto específico de determinado campo de saber, mesmo externamente[68].

Qualquer campo disciplinar, enfim, à medida que vai se constituindo, vai também se inscrevendo em certa modalidade de Discurso, por vezes com dialetos internos. É por isso que não é possível a ninguém se transformar em legítimo praticante de determinado campo disciplinar, se o iniciante no novo campo de estudos não se avizinhar de todo um vocabulário que já existe

---

68 Disciplinas como o Direito ou como a Economia parecem poder ser imediatamente reconhecidas pelo seu vocabulário bastante específico. A História, por seu turno, é daquelas disciplinas que trabalham em boa medida com um vocabulário comum, já que o seu produto – os livros de história – frequentemente se destinam a um público mais amplo, que não é apenas formado por historiadores. Mas assim mesmo também a História vai assistindo, no decurso das realizações de seus praticantes, à elaboração de conceitos mais específicos. Cf. PROST, 2008, p. 115-131.

previamente naquela disciplina, e através do qual os seus pares se compreendem reciprocamente e se intercomunicam[69].

Quanto à questão da *Interdisciplinaridade* (0), já assinalamos que, por se tratar do próprio objeto deste livro, não desenvolveremos maiores comentários neste momento, embora tenhamos aqui a décima instância importante que concorre para o delineamento de qualquer campo de estudos. Este é o polo aparentemente paradoxal na constituição de qualquer campo disciplinar: situar uma disciplina diante de outras é, de um lado, imprescindível para a definição da própria identidade do campo disciplinar em questão[70]. Por outro lado, diante de outros campos de saber, os limites e limitações de uma disciplina são sempre explicitados. Ao compararmos metodologias ou aportes teóricos entre dois campos distintos, por exemplo, um e outro pode dar a perceber lacunas nas suas práticas. O que é problemático em um campo de saber pode ser bem menos irrelevante, ou mesmo desprezível, em outro.

Na História, por exemplo, os historiadores lidam com um problema que necessariamente deve permear o seu pensamento: o do *anacronismo*. Por lidar em seu texto com discursos diversos que se afastam no tempo (o discurso do próprio historiador, por exemplo, e os discursos de fontes primárias que foram elaborados em outros tempos), o historiador precisa enfrentar o fato de que os vários textos com os quais ele lida valem-se frequen-

---

69 Entre outros assuntos, os jargões das "comunidades linguísticas" geradas por alguns campos são examinados em uma coletânea organizada por Peter Burke e Roy Porter: *Línguas e jargões* (BURKE & PORTER, 2007), na qual se busca examinar nos seus diversos contextos sociais os dialetos e jargões criados e difundidos por diversos grupos sociais e profissionais, entre os quais os médicos, advogados e professores, mas também as sociedades secretas como a dos maçons, bem como grupos sociais marginalizados, tais como os dos ciganos e dos mendigos.

70 Stichweh, ao se referir à própria emergência das disciplinas científicas, chama atenção para o fato de que as disciplinas "são unidades históricas variáveis que se associam a outras disciplinas, em um sistema que as submete, precisamente, por processos de inter-relação dinâmica" (STICHWEH, 1991, p. 20).

temente de palavras cujos significados ou jogos de significados já se alteraram há muito. A mesma palavra, hoje, pode significar uma coisa (ou algumas coisas), e, no passado, outras. De igual maneira, um conceito que permite clarificar perfeitamente um fenômeno ou processo da atualidade pode ser ineficaz ou deformador ao ser deslocado para a tentativa de esclarecer um fenômeno ou processo do passado.

Esta tensão entre diferentes linguagens ou repertórios discursivos que se modificaram no tempo constitui um problema muito específico da História, o qual pode se apresentar como irrelevante para a Antropologia, Filosofia, Economia e outros campos de saber, a não ser nos momentos em que estes campos se aproximam da História para constituir uma antropologia histórica, história da filosofia ou economia histórica.

De igual maneira, as discussões sobre a possibilidade de se construir um conhecimento verdadeiro ou não, na História, mostram-se muito mais vitais do que na Economia, pois os historiadores trabalham necessariamente com uma realidade ou com processos que há muito já desapareceram e que não deixaram mais do que vestígios. Os vestígios, diga-se de passagem, constituem precisamente as fontes históricas das quais se utilizam os pesquisadores de História. Produzir um conhecimento verdadeiro a partir destes vestígios é um problema muito específico da História, que a aproxima ou a afasta de outras ciências, em maior ou menor medida. O confronto entre a História e outras disciplinas ajuda a perceber mais claramente os problemas específicos que a ela se apresentam como desafios.

Por ora, queremos chamar atenção para o fato de que, ao se colocarem em contato interdisciplinar ou transdisciplinar, dois campos de saber podem enriquecer sensivelmente um ao outro nos seus próprios modos de ver as coisas e a si mesmos. A teoria, a metodologia e as práticas discursivas que constituem qualquer campo de saber são diretamente afetadas pelos diálogos interdisciplinares que o campo estabelece com outros.

Conforme já mencionamos, particularmente a História, no decorrer do século XX e além, foi beneficiada por uma longa história de contribuições inspiradas em outros âmbitos de saber. A Geografia, Antropologia, Psicologia, Linguística, entre outras ciências humanas, estiveram fornecendo frequentemente conceitos e metodologias aos historiadores, e certos desenvolvimentos em âmbitos intradisciplinares da História como a História Cultural ou a História das Mentalidades não teriam sido possíveis, certamente, sem os respectivos diálogos interdisciplinares com a Antropologia e com a Psicologia. Também no âmbito das ciências naturais não foi raro que o contato interdisciplinar contribuísse para modificar a própria maneira de ver as coisas neste ou naquele campo científico. Diálogos entre a Física e a Astronomia, ou entre a Química e a Física, nos oferecem alguns exemplos muito concretos de renovação[71].

12 Os interditos e a comunidade científica

Por fim, não é possível pensar uma disciplina sem admitir o seu lado de fora – uma zona de *interditos* (6), ou aquilo que se coloca como proibido aos seus praticantes. O exterior de um campo de saber é tão importante para uma disciplina como aquilo que ela inclui, como as teorias e métodos que ela franqueia aos seus praticantes, o discurso que ela torna possível, ou mesmo as escolhas interdisciplinares estimuladas ou permitidas[72]. Ademais,

---

71 Thomas Kuhn, em *A estrutura das revoluções científicas* (1962), traz o exemplo do atomismo químico desenvolvido por Dalton, referindo-se aos "efeitos revolucionários resultantes da aplicação da química a um conjunto de questões e conceitos anteriormente restritos à física e à meteorologia". Prossegue Kuhn: "Foi isto que Dalton fez; o resultado foi uma reorientação no modo de conceber a química, reorientação que ensinou aos químicos como colocar novas questões e retirar conclusões novas de dados antigos" (2007, p. 179).

72 Referência fundamental para a questão mais ampla dos interditos que afetam uma disciplina é *A ordem do discurso*, de Michel Foucault (1970). Por outro lado, também Thomas Kuhn, em *A estrutura das revoluções científicas* (2003, p. 138), faz algumas observações importantes sobre as redefinições de ditos e

o que se interdita em uma disciplina, como tudo mais, também é histórico, sujeito a transformações, e as temáticas e ações possíveis que um dia estiveram dentro de certo campo disciplinar podem ser processualmente deslocadas para fora, como também algo do que estava fora pode vir para dentro, para um espaço de inclusão legitimado pela rede de praticantes da disciplina[73].

Tecnicamente poderíamos interromper aí a enumeração dos principais aspectos a serem considerados para compreender a constituição de um campo disciplinar qualquer se não faltasse o essencial, na verdade aquilo que perpassa todos os demais aspectos. Existe de fato uma densa e complexa *Rede Humana* (7), constituída por todos aqueles que já praticaram ou praticam a disciplina considerada e pelas suas realizações efetivas – obras, vivências, práticas realizadas –, e também isto é certamente tão inseparável da constituição de um campo disciplinar que poderíamos propor a hipótese de que a entrada de cada novo elemento humano em certo campo disciplinar já o modifica em alguma medida, da mesma maneira que cada obra produzida sobre um campo de saber ou no interior deste mesmo campo de saber já o

---

interditos que se podem dar quando um novo paradigma substitui um paradigma que até então fora dominante. Também iremos encontrar em *Usos sociais da Ciência*, de Pierre Bourdieu (1997), observações interessantes a respeito da dinâmica que dita e interdita o que é possível, em cada momento, no âmbito de determinado campo disciplinar: "Um campo não se orienta totalmente ao acaso. Nem tudo nele é igualmente possível e impossível a cada momento" (BOURDIEU, 2003, p. 27). Sobre os interditos da História, cf. CERTEAU, 1982, p. 76-77.

73 Sobre as permissões e interditos da *Operação historiográfica*, dirá Michel de Certeau (1925-1986): "Antes de saber o que a história diz de uma sociedade é necessário saber como funciona dentro dela. Esta instituição se inscreve num complexo que lhe permite apenas um tipo de produção e proíbe outros. Tal é a dupla função do lugar. Ele torna possíveis certas pesquisas em função de conjunturas e problemáticas comuns. Mas torna outras *impossíveis*; exclui do discurso aquilo que é sua condição num momento dado; representa o papel de uma censura com relação aos postulados presentes (sociais, econômicos, políticos) na análise. Sem dúvida, esta combinação entre *permissão* e *interdição* é o ponto cego da pesquisa histórica e a razão pela qual ela não é compatível com *qualquer* coisa. É igualmente sobre esta combinação que age o trabalho destinado a modificá-la" (CERTEAU, 1982, p. 76-77).

modifica em menor ou maior grau, às vezes pouco perceptivelmente, às vezes tão enfaticamente a ponto de se tornar visível o surgimento de novas direções no interior deste campo disciplinar. Uma coisa ou outra – invisíveis ou visíveis para a maioria dos seus praticantes, menos ou mais impactantes, geradoras de detalhes ou de efeitos mais duradouros – as contribuições de cada membro da rede humana de um campo disciplinar são indeléveis e partes inalienáveis de sua história.

Perguntar-nos-emos, deste modo, até que ponto o surgimento de um novo historiador ou de uma nova obra historiográfica, por mais banal que ela seja, já não modifica de alguma maneira a própria História enquanto campo disciplinar, ou até que ponto o Médico que introduz uma nova abordagem ou uma nova prática em seu ofício já não termina por modificar o próprio campo disciplinar da Medicina[74]. Essas transformações, nem sempre fáceis de visualizar – a não ser no âmbito saliente das inovações mais notáveis ou das grandes obras – constituem no seu conjunto uma grande obra coletiva, na qual os próprios praticantes de uma disciplina contribuem cada qual à sua maneira para modificar o campo disciplinar no qual se inserem.

Ao se falar em uma "rede humana" para cada campo disciplinar também temos de ter em vista, é claro, que estas redes encontram-se frequentemente interferidas por uma "rede institucional" (universidades, institutos de pesquisa, circuitos editoriais de revistas científicas), e também por uma constelação de grupos de pesquisa e outras formas de parcerias e associações, dentro das quais esta vasta rede humana também se acomoda de uma maneira ou de outra. A rede humana do campo disciplinar,

---

[74] Ou pode se dar mesmo que este médico venha a constituir um novo campo disciplinar – produzindo, portanto, uma sensível modificação no universo mais amplo dos campos disciplinares. Pode-se dar o exemplo do doutor Freud, que por volta de 1890 terminou por fundar, através de uma nova abordagem clínica, a Psicanálise. Também temos o caso do doutor Wilhelm Wundt (1832-1920), que em 1879 criou o primeiro laboratório psicológico, contribuindo desta maneira para separar da Filosofia a Psicologia.

desta forma, assume aqui a forma de uma "comunidade científica". Boa parte dos seus participantes ocupa lugares concretos e localizáveis na imensa rede institucional e na constelação de grupos e parcerias científicas, e também lugares simbólicos conforme a repercussão e recepção de suas obras, realizações e proposições. Uma ideia pode ser recebida de maneira diferenciada conforme se fale deste lugar institucional ou daquele lugar simbólico. Nem todos podem dizer tudo todo o tempo, conforme o filósofo francês Michel Foucault (1926-1984) já fez notar com especial nitidez em seu ensaio *A ordem do discurso* (1971)[75] – o que nos remete uma vez ainda, aliás, à questão dos ditos, entreditos e interditos apresentados e hierarquizados por um campo disciplinar. Uma "comunidade científica" é articulada, enfim, a um sistema de poderes institucionais e prestígios acadêmicos que redefine o lugar de cada um e de todos[76].

Esta "rede humana" que constitui uma das dimensões integrantes do campo disciplinar é também, ela mesma, uma rede de textos e de realizações, em dinâmica interconexão. Isto ocorre nos diversos campos de saber. Na Física e na Química, a rede de realizações produzida pela "rede humana" é povoada não apenas pelos textos científicos, mas pelas experiências concretizadas e registradas, por fórmulas e demonstrações experimentais, pelas realizações referentes à construção de novos instrumentos de medição e tecnologias. Michel de Certeau (1925-1986)[77], ao

---

75 FOUCAULT, 1996, p. 10.

76 Sobre as "comunidades científicas", cf. HAGSTROM, 1965. Sobre a competição no interior das comunidades científicas, cf. HAGSTROM, 1974. A noção de uma "comunidade científica" também já foi tratada sobre o prisma de um "Colégio Invisível", e sobre isto podem ser consultadas as obras de PRICE & BEAVER (1966) e de CRANE (1966). A expressão "colégio invisível", que no século XVII tinha conotações que dialogavam com a ideia de "sociedades secretas" de intelectuais e cientistas, é nos dias de hoje empregada para expressar a livre-transferência de informações, pensamentos e *background* técnico pela "comunidade científica" (isto à parte da estrutura física e institucional dentro da qual esta mesma comunidade também se distribui).

77 CERTEAU, 1982, p. 72.

examinar os desdobramentos deste campo disciplinar que é a História em seu já clássico texto *A operação historiográfica* (1974), procura explicitar como cada realização empreendida por cada historiador coparticipante da rede termina por enunciar "uma operação que se situa em um conjunto de práticas". Dito de outra forma, está desde já inarredavelmente inscrito nesta complexa rede – formada pelos historiadores e por suas realizações historiográficas – cada texto histórico, "quer dizer, uma nova interpretação, o exercício de métodos novos, a elaboração de outras pertinências, um deslocamento de definição e do uso do documento, um modo de organização característico etc."[78] Não há contribuição, por singela que seja, que não repercuta de alguma maneira na rede historiográfica (ou na rede humana de qualquer outro campo de saber), mesmo que singela. Podemos não nos dar conta de cada contribuição atomizada, mas certamente a influência de cada um e de todos em um campo de saber pode ser entrevista nas lentas ou súbitas mudanças de temáticas, de preferências teóricas, de escolhas metodológicas. Um campo de saber, enfim, não se faz apenas das suas obras magistrais, mas também das contribuições que se estabelecem na média ou que se deixam ficar nos recantos mais obscuros, das tendências que se afirmam ou se revertem em vista das ações da massa de pesquisadores que constituem o campo disciplinar e da recepção dos leitores que completam o processo de circulação do saber[79].

13 Olhar de um campo disciplinar sobre si mesmo

Reconhecer a rede humana específica que constitui cada campo disciplinar produzido pelos homens e mulheres de saber também leva à compreensão de um derradeiro aspecto, quase

---

78 Ibid.

79 Michel de Certeau acrescenta: "Cada resultado individual se inscreve numa rede cujos elementos dependem estritamente uns dos outros, e cuja combinação dinâmica forma a história num dado momento" (CERTEAU, 1982, p. 72).

um desdobramento da crescente consciência que a rede humana vai desenvolvendo acerca de si mesma e sobre o campo que constitui à medida que avança na sua história. A certa altura de seu amadurecimento como campo disciplinar, começam a ser produzidos, cada vez mais frequentemente no seio do próprio campo de saber em constituição, os "olhares sobre si". Começam a surgir, elaboradas pelos próprios praticantes da disciplina, as "histórias do campo", aqui entendidas no sentido de narrativas e análises elaboradas pelos praticantes do campo disciplinar acerca da própria rede de homens e saberes em que estão inseridos. Compreender-se historicamente é o resultado mais visível deste "olhar sobre si" (**8**)[80].

Temos então dez dimensões importantes nesta caminhada para tentar compreender uma disciplina, qualquer que ela seja: o seu campo de interesses (**1**), os seus aportes teóricos (**2**), o seu padrão discursivo (**3**), as suas metodologias (**4**), os seus campos intradisciplinares (**5**), os seus interditos (**6**), bem como a extensa "rede humana" (**7**) que, através de suas realizações, empresta uma forma e dá concretização ao campo disciplinar, sem contar o "olhar sobre si" (**8**) que esta mesma rede estabelece a certa altura de seu próprio amadurecimento, e, por fim, a própria singularidade da disciplina em questão (**9**).

A isso tudo se agregam os diálogos e confrontos estabelecidos através da interdisciplinaridade (**0**). Se a interdisciplinaridade não se situa propriamente no interior de cada disciplina, mas sim "entre" as várias disciplinas, não há como negar que se trata de uma instância que, de alguma maneira, ajuda a redefinir cada campo de conhecimento considerado.

---

80 A História, p. ex. – um saber antigo, mas que apenas no século XIX adentra o campo acadêmico e as universidades –, começa precisamente a se constituir em campo científico no momento em que começam a ser produzidos mais recorrentemente os seus "olhares sobre si mesma", as histórias da historiografia, os ensaios de reflexão teórica, os manuais de metodologia. De modo análogo, na história de qualquer outro campo são indícios importantes de cientificidade as histórias do campo, elaboradas pelos seus próprios praticantes.

Para encerrar este capítulo mais uma vez com a questão da história – isto é, com a questão de que cada campo disciplinar tem a sua própria história e que, de preferência, esta história deve ser escrita pelos seus próprios praticantes de modo a renovar constantemente os seus "olhares sobre si mesmos" – torna-se importante compreender adicionalmente que cada uma das dez dimensões atrás citadas, além de interligada às demais, está mergulhada ela mesma, por inteiro, na própria história. Os padrões interdisciplinares se alteram, os desdobramentos intradisciplinares se multiplicam ou se restringem, as teorias se redefinem, as metodologias se recriam, o padrão discursivo se renova, os interditos são rediscutidos, e mesmo algo da singularidade que permite definir uma "matriz disciplinar" no interior da rede de saberes pode sofrer variações mais ou menos significativas à medida que surgem novos paradigmas e contribuições teórico-metodológicas. Para além de tudo isso, como já se disse, cada campo de saber está constantemente produzindo novos "olhares sobre si mesmo" de acordo com as transformações que se dão dentro e fora do campo – do contexto histórico-social às transformações teóricas e tecnológicas. Tudo é histórico, enfim, e essa máxima é também válida para todo o conjunto de elementos daquilo que vem a constituir um determinado campo disciplinar.

É importante compreender, ademais, que, uma vez tornado visível e reconhecido como novo espaço científico ou forma de expressão, cada campo disciplinar passa a se constituir em patrimônio de todos os que podem ou pretendem praticá-lo. Por outro lado, é óbvio também que, no interior da rede humana que constitui certo campo disciplinar e também no seu exterior – isto é, na rede humana que se estende para mais além daquela que conseguiu se impor como a legítima rede de autores e obras que constituem o campo –, cedo se estabelecem verdadeiras lutas pelo poder de se lançar mão das conquistas disciplinares, de praticá-las, de falar em nome da rede ou pelo menos do interior da rede. Lutas pelo direito de, neste campo, os diversos

73

proponentes a praticantes se verem incluídos. Esse imenso universo ou sistema que constitui um campo disciplinar, de todo modo, é anônimo, não pertence a ninguém, embora dele nem todos possam se apossar. Sobre este complexo espaço territorial que é um campo disciplinar, lugar de saber onde o poder se exerce, embora sem que se saiba exatamente através de quem, assim Michel Foucault já se expressava:

> Uma disciplina se define por um domínio de objetos, um conjunto de métodos, um *corpus* de proposições consideradas verdadeiras, um jogo de regras e de definições, de técnicas e de instrumentos: tudo isto constitui uma espécie de sistema anônimo à disposição de quem quer ou pode servir-se dele[81].

Este misterioso sistema anônimo que é um campo disciplinar, e poderemos aqui continuar a seguir Michel Foucault nas suas exemplares formulações, está, como já se disse, em permanente mutação, uma vez que cada campo disciplinar é aberto a expansões. Na verdade, um campo disciplinar *depende*, para existir, de desencadear expansões. Conforme ressalta o filósofo francês, "para que haja disciplina é preciso, pois, que haja possibilidade de formular, e de formular indefinidamente, proposições novas"[82]. Entre outros aspectos, esse intenso devir que é um campo disciplinar mergulhado na sua própria história constitui, como já se ressaltou, um incessante jogo entre o interior e o exterior da disciplina, e entre um campo de estudos e o seu campo de objetos.

A História (campo de conhecimento) jamais será constituída por tudo o que se pode dizer de verdadeiro sobre a história (campo dos processos e acontecimentos), o mesmo ocorrendo para a Física ou a Biologia com relação à possibilidade de discorrer sobre a vasta extensão dos fenômenos sob sua jurisdição epistemológica. Para que uma proposição pertença à dis-

---

81 FOUCAULT, 1996, p. 30.

82 Ibid.

ciplina "História" em certa época, à Medicina, ao Direito, ou a qualquer outro campo de práticas e saberes, é preciso que esta proposição responda às condições desta disciplina tal como a definem ou definiram os seus praticantes de então.

A História, a Química, a Geologia, como qualquer outra disciplina, estará sempre atraindo para dentro de si ou repelindo para fora de suas margens determinado conjunto de saberes, proposições e domínios que em momento anterior poderiam ter estado ali, e que em um momento subsequente da história dos saberes e dos discursos já não estão.

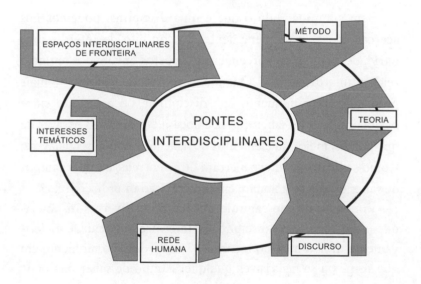

Quadro 2
As pontes interdisciplinares

III
O momento interdisciplinar

14 As grandes pontes interdisciplinares

Bem compreendido o que é uma disciplina, podemos nos acercar agora, mais plenamente, do conceito de interdisciplinaridade, bem como apreender os aspectos envolvidos em uma relação interdisciplinar. Quando, e, sobretudo, *como* se dá mais propriamente o momento interdisciplinar, ou o contato entre os dois campos de saber que se colocam em diálogo? Através de que pontes, meios ou elementos de ligação? Em poucas palavras: Como se ligam, se interpenetram ou se entrelaçam dois campos de saber que se posicionam em uma relação interdisciplinar?

Vimos no último capítulo que, entre as diversas instâncias que constituem uma disciplina, a interdisciplinaridade é efetivamente uma dimensão incontornável. Já desde o momento em que surge ou se faz visível, qualquer campo de saber não pode senão se situar em uma rede de disciplinas com as quais irá se confrontar, contrastar e interagir. Um novo campo de saber, ao ser inserido em uma determinada rede de saberes, já a modifica necessariamente. O potencial de interferência no conjunto maior de saberes, é claro, pode ser maior ou menor conforme o campo específico que se formou ou foi inserido na rede, e certamente aqueles campos de saber que estão mais próximos se verão, mais do que outros, interferidos por uma disciplina que com eles apresenta uma maior ressonância (objetos em comum, filiações, práticas e perspectivas similares, ou outras afinidades). Parodiando a física relativística, podemos pensar na metáfora astronômica do espaço que é distorcido ou interferido pela presença ou formação de um novo astro.

Ao mesmo tempo em que cada disciplina que se faz presente afeta em maior ou menor medida a rede geral de saberes, e principalmente os campos disciplinares mais próximos, vimos também que toda disciplina científica envolve certas instâncias que são comuns a todos os campos de saber: a Teoria, a Metodologia, as especificidades de um discurso, uma rede de praticantes do campo de saber em questão, as singularidades que o definem, certo campo de interesses que podem se confrontar ou se interpenetrar com o de outras disciplinas, e assim por diante. Ao mesmo tempo, uma disciplina – à medida que se torna mais complexa – cedo começa a conformar espaços internos ao seu próprio campo de práticas e de estudos. Surgem então as diversas subespecialidades ou âmbitos internos, ou o que podemos chamar de "campos intradisciplinares".

A interdisciplinaridade entre um campo de saber e os demais que o cercam, e que com ele se interpenetram ou interagem, pode se dar através de cada uma dessas instâncias. Vamos chamar a estas instâncias, a estas porosidades ou caminhos a partir dos quais os diálogos entre saberes podem surgir, de "pontes interdisciplinares". Uma disciplina pode dialogar com outra através de seus aportes teóricos e de conceitos em comum; pode incorporar, integrar ou partilhar procedimentos metodológicos que já estão bem desenvolvidos em uma disciplina irmã ou mesmo em uma vizinha distante; pode assimilar padrões e fórmulas expressivas que também constituem o discurso da outra. Diversos campos de saber, além disso, encontram consistentes caminhos interdisciplinares através das suas temáticas de estudo – ou seja, através de certas coincidências entre seus campos de interesse.

As redes de profissionais que se referem a cada campo de saber, por outro lado, podem se interpenetrar de muitas maneiras, e cooperações diversas podem ser estabelecidas. Os pesquisadores de um campo e outro podem trabalhar juntos, inspirar-se mutuamente, e há ainda os casos de dupla formação – aqueles que se referem a estudiosos que se formaram ou se estabeleceram por autodidatismo em mais de um campo de saber e que, portanto, não podem ser enquadrados única e simplesmente no interior de um só campo disciplinar.

Cada um destes âmbitos – Teoria, Metodologia, Discurso, campo de interesses temáticos, bem como a comunidade de estudiosos, assim como as subdivisões intradisciplinares – pode se apresentar aos pesquisadores ligados a certo campo de saber como importantes espaços ou meios para as oportunidades interdisciplinares.

Seria possível discutir, para cada uma destas pontes interdisciplinares e para cada diálogo mais específico entre dois diferentes saberes, os seus diversos desdobramentos e implicações, mas vamos nos limitar por enquanto a evocar alguns exemplos. O físico romeno Basarab Nicolescu (n. 1942) – importante militante da moderna religação dos saberes e redator de um emblemático "Manifesto da Transdisciplinaridade" (1996)[83] – enfatiza principalmente a ponte interdisciplinar do Método[84]. Segundo suas proposições em outro texto sobre o tema (2000), o que pode conferir uma tônica interdisciplinar a qualquer trabalho é, sobretudo, a transferência de métodos de uma disciplina para outra,

---

83 Basarab Nicolescu, físico especialista em partículas elementares, notabilizou-se como fundador do Centro Internacional de Pesquisas e Estudos Transdisciplinares (Ciret), e como cofundador do Grupo de Pesquisas sobre a Transdisciplinaridade da Unesco (1992), além de ser autor de um conjunto importante de obras sobre o conhecimento transdisciplinar.

84 Tal perspectiva sobre a Interdisciplinaridade é também reenunciada no Manifesto da Transdisciplinaridade (1997) que também ficou conhecido como *A síntese do Congresso de Locarno*, em referência ao congresso mundial que se realizou naquela cidade suíça e se encerrou com a redação deste documento, em 1997. Neste, também é explicitada uma diferenciação entre os âmbitos da multi, inter e transdisciplinaridade.

sendo que isto pode ocorrer em três âmbitos distintos. Vejamos esta reflexão em maior detalhe.

15 A ponte interdisciplinar do Método

Um dos mais conhecidos e percorridos caminhos interdisciplinares entre dois saberes é o das transferências, incorporações e intercâmbios de métodos. Talvez a ponte interdisciplinar do Método, como ligação entre dois campos disciplinares, só rivalize com a ponte interdisciplinar da Teoria. Consideremos que, em primeiro lugar, métodos e técnicas podem ser transferidos no nível da *aplicação* (1). Um relevante exemplo recente foi o da transferência de metodologias e tecnologias da Física Nuclear para a área da Medicina, o que pôde proporcionar, por exemplo, novos tratamentos e procedimentos com vistas à cura ou ao combate ao câncer[85].

Para acrescentar um exemplo específico do campo de saber História, podemos lembrar os métodos seriais e quantitativos que, desde fins do século XIX, já vinham sendo empregados pelos economistas com vistas aos objetos tradicionais daquela disciplina. Com a sua assimilação ativa pela historiografia, estas metodologias passaram a ser incorporadas ao programa de expansão dos interesses temáticos historiográficos para além da tradicional História Política, típica do século XIX.

Com a chamada história serial – esta nova abordagem historiográfica que surge a partir do deslocamento de métodos da Economia Histórica – desenvolve-se plenamente uma nova concepção de fonte histórica, fundada no conceito de "série" – um conjunto homogêneo de documentos ou de dados que deve

---

[85] Basicamente, a sofisticada tecnologia utilizada pela Medicina Nuclear – a qual integra interdisciplinarmente a física, a química, a eletrônica, a cibernética e a farmácia – proporciona a possibilidade de observar o estado fisiológico dos tecidos de forma não invasiva, através da marcação de moléculas participantes nesses processos fisiológicos com isótopos radioativos.

ser trabalhado sistematicamente em linha a partir da análise de conjunto, das variações e continuidades no interior da série.

O advento da abordagem serial, ultrapassando o tratamento qualitativo do documento isolado, foi saudado por muitos como uma renovação, ou mesmo como uma revolução na historiografia, e não cessou de multiplicar suas possibilidades de aplicação nas décadas seguintes. Não só a nascente história econômica pôde se beneficiar das metodologias seriais, mas também a história demográfica, a história local e, posteriormente, a história das mentalidades. Cada um destes subcampos ou modalidades possíveis no interior deste vasto campo de saber que é a História – um campo que, além destas modalidades citadas, apresenta muitas outras – beneficiou-se dos aportes metodológicos que já eram utilizados pelos economistas e estatísticos. Conforme se vê, inspirados nas metodologias seriais e quantitativas, os historiadores encontraram para elas campos de aplicação os mais diversos. Temos aqui o que podemos chamar de uma interdisciplinaridade criativa, que não apenas assimila práticas e métodos já empregados em outros campos, como também encontra e inventa novas possibilidades de aplicação para eles.

Avancemos na reflexão sobre a transferência interdisciplinar de metodologias. Conforme ressalta Basarab Nicolescu em seu "Manifesto da Transdisciplinaridade" (1996), é possível transferir métodos também no nível mais propriamente *epistemológico* (2). Mais do que a mera incorporação de técnicas e de um instrumental, este nível de transferências metodológicas requer revisões de perspectivas, muitas vezes em interação com a Teoria. Para prosseguir com mais alguns exemplos relacionados à disciplina História, pode-se lembrar a bem-sucedida incorporação da perspectiva estruturalista, das abordagens voltadas para a análise de discurso, das análises semióticas, ou de inúmeras outras perspectivas teórico-metodológicas que já eram desde muito familiares à Linguística e à Crítica Literária. Transferidas pelos historiadores para o exame das fontes históricas, estas abordagens proporcionaram-lhes uma diversificação muito rica de metodologias de análise textual.

16 Formação de novos espaços intradisciplinares

A terceira possibilidade de uso da ponte metodológica sinaliza para a *geração de novas disciplinas*, ou de novos campos intradisciplinares. A Astrofísica – já de si mesmo uma interdisciplina – beneficiou-se da transferência de metodologias pertinentes à física de partículas, e isso proporcionou o desenvolvimento de uma surpreendente cosmologia quântica. A Astrobiologia (ou exobiologia) – unindo uma ciência natural a uma ciência exata – tornou-se possível com a tecnologia das viagens espaciais. Podemos lembrar, mais uma vez, um caso referente à História. A transferência, para este campo, de métodos e de procedimentos diversos oriundos da Geografia, bem como também de suas contribuições teóricas, terminou por gerar a Geo-História. Um campo intradisciplinar como este, aliás, já é de si mesmo uma grande e relevante ponte interdisciplinar: um espaço comum diante do qual e dentro do qual podem circular os estudiosos ligados a um e outro destes campos originais de saber (a História e a Geografia). A Geo-História nos oferece um exemplo autoexplicativo que aflorou a partir da quinta década do século XX, particularmente sob a contribuição original do historiador francês Fernand Braudel (1902-1985). Mais tarde, viriam outros campos intradisciplinares similares, como a História Ambiental. Esta pode ser vista como uma área de saber que propõe estender uma ponte entre a História Natural e a História Social. Deste modo, estabelece-se aqui um diálogo entre a História, a Geografia e as diversas ciências da vida, como a Biologia (incluindo campos intradisciplinares como a Zoologia, a Botânica, a Ecologia), sem esquecer os campos de saber relacionados ao estudo do meio, como a Geologia, a Oceanografia e a Meteorologia. Todo esse caudal interdisciplinar conflui para possibilitar a formação e reatualização de um campo novo que vem sendo chamado de História Ambiental[86].

Tudo o que se disse atrás acerca da ponte interdisciplinar do Método – mais particularmente seus deslocamentos possíveis nos níveis da aplicação, epistemologia e geração de novas disciplinas e espaços intradisciplinares – poderia ser dito igualmente para a ponte interdisciplinar da Teoria. As ciências humanas, obviamente, sempre compartilharam muitas perspectivas teóricas entre si, e não é nada raro que um viés teórico desenvolvido originalmente em uma delas se expanda para as outras. Ademais, como veremos mais adiante, a ponte interdisciplinar da Teoria também oferece a possibilidade de transferências conceituais, isto é, as diversas oportunidades de incorporação e adaptação de conceitos de uma disciplina em outra.

17 Discurso e Conceito como ponte interdisciplinar

Com relação à ponte interdisciplinar do Discurso, os diversos campos de saber também travam contínuos diálogos: uns assimilam vocabulário originário de outros; às vezes inventam-se termos e conceitos no entrecruzamento de campos distintos. Da mesma forma, os modos de expressão provenientes ou comuns a um campo podem influenciar significativamente o outro.

Quantos conceitos originaram-se em um campo e foram recebidos no repertório vocabular de outro? Um exemplo típi-

---

86 A expressão História Ambiental, como proposta de um campo de estudos, foi cunhada em 1972 por Robert Nash (1972, p. 362-377). Para uma visão mais geral acerca dos desenvolvimentos recentes da História Ambiental, cf. FREITAS, 2007, p. 21-33. • WORSTER, 1991, p. 198-215. • WORSTER, 1989, p. 289-307. A propósito da formação de novos campos interdisciplinares envolvendo a interação entre o mundo humano e os ambientes naturais, pode-se ainda lembrar o surgimento de um novo campo, a partir de uma proposição geográfica feita por Carl Troll em 1939. Trata-se de um âmbito de estudos que foi alternadamente nomeado "Ecologia da Paisagem" e "Geoecologia", o qual compartilha alguns objetos e problemas com a História Ambiental. Sobre a Ecologia da Paisagem, cf. NAVEH, 2000, p. 7-26.

co está no conceito de "crise": originário da medicina, na qual designava e ainda designa diversos processos corporais e vitais como a falência, sobrecarga ou mau funcionamento de órgãos ou de sistemas vários. O conceito migrou, nas primeiras décadas do século XX, para campos como a economia, ciência política e história, e hoje faz parte do vocabulário comum que se vê nos noticiários todos os dias. Também conceitos como o de "segregação", oriundo da botânica, foram recebidos em certo momento pelas ciências humanas, de modo a designar fenômenos como a segregação social.

Além disto, há também conceitos é termos que já nascem mais propriamente como "conceitos transdisciplinares"[87]. Alguns deles têm origens em saberes ou perspectivas que já são, por si mesmos, tendentes à transdisciplinaridade, no sentido de que são pouco localizáveis no interior das fronteiras de um único saber mais convencional. Emílio Roger Ciurana, que atenta para este aspecto, dá como exemplos destes saberes transdisciplinares, entre outros, a "teoria dos sistemas" e a "teoria da informação". Da mesma forma, entre os conceitos que já nasceram tendentes à transdisciplinaridade, indica certos conceitos típicos da linguística saussureana, como "código", "mensagem", e assim por diante[88].

A reapropriação conceitual entre disciplinas é bastante comum. Para evocar o exemplo da disciplina História é oportuno considerar que este é um campo de saber que não cessa de renovar e enriquecer o seu próprio vocabulário a partir do vocabulário conceitual trazido de outras disciplinas. Ao lado disso, considerando que entre os objetivos da História inclui-se a produção de textos expressivos – inclusive dotados de uma dimensão estética e literária (o texto final do historiador que pretende apresentar os resultados finais da pesquisa em forma de uma narrativa

---

[87] Expressão utilizada por CIURANA, 2003, p. 58.

[88] CIURANA, 2003, p. 58.

crítica e analítica) –, é evidente que campos como o da Literatura podem e devem contribuir diretamente para uma renovação do discurso da História. Agora já não falamos apenas da incorporação de conceitos, mas da assimilação de novos estilos e recursos expressivos. O historiador, enfim, produz um gênero literário específico, que é o texto historiográfico. Por isso, a interdisciplinaridade com os recursos expressivos é uma necessidade para o desenvolvimento da História em novos níveis de expressão. O mesmo se pode dizer de boa parte dos saberes ligados às ciências humanas e sociais.

18 Temáticas compartilhadas

Chegamos às pontes interdisciplinares que se estabelecem a partir das temáticas de estudo e de investigação. Não é nenhuma novidade que um determinado campo de saber pode se ligar a inúmeras outras disciplinas através de interesses temáticos em comum. O caso da História, mais uma vez, é exemplar. Tudo, afinal, tem uma história. Além de partilhar interesses de estudo com outras ciências humanas – uma vez que os historiadores estudam temas que também são habitualmente caros aos sociólogos, antropólogos, geógrafos, psicólogos e linguistas – não há limite para os aspectos que podem ser examinados de uma certa perspectiva historiográfica. Os próprios campos de saber, conforme já vimos, têm também, cada um deles, a sua própria história, e podem por isso ser examinados pelos historiadores que se dedicam à História das Ciências. Fenômenos físicos, naturais, biológicos – e as relações que os seres humanos estabelecem com eles – podem se redesenhar como objetos para estudos historiográficos específicos. Há por exemplo uma História do Clima, uma História da Alimentação, uma História da Doença[89].

---

[89] Para empreender uma *História do clima*, Le Roy Ladurie precisou mobilizar conhecimentos ligados não só à Meteorologia, como também à Biologia, à Botânica, e a outras ciências.

Muitos outros exemplos poderiam ser dados para exemplificar as pontes interdisciplinares que se formam a partir de objetos e temas compartilhados. A quem pertence o átomo? Aos físicos? Aos químicos? Entre que saberes transita esta realidade mínima que já não é mínima, e que um dia pertenceu à especulação filosófica? E as células, como se compartilham entre os biólogos, botânicos, médicos de diversas especialidades? A quem pertence o interesse pelos chamados loucos? Psicólogos, psiquiatras, sociólogos, antropólogos, historiadores? Poetas? Não serão as cidades – como no mundo já os são – espaços intensos de trocas e compartilhamentos, já que por elas se interessam urbanistas, sociólogos, antropólogos, historiadores, e ainda os psicólogos que estudam os modelos de comportamentos dos seres humanos que nelas habitam?

Todos esses campos temáticos – o átomo, a célula, os loucos e as cidades –, bem como inúmeros outros, podem nos oferecer pontes interdisciplinares que obrigam os saberes a, mais uma vez, se encontrarem muito além dos horizontes que os definem. Seria possível a História e a Geografia estudarem seriamente quaisquer dos seus inúmeros objetos de interesse sem se esbarrarem uma na outra, ou sem se enlaçarem amistosamente?

19 A rede humana e autoral entre as disciplinas

A rede humana e a configuração multiautoral de um campo, ou de vários campos em interdisciplinaridades cruzadas, podem se oferecer como pontes interdisciplinares de muitos modos. Quero lembrar aqui, principalmente, três destas pontes interdisciplinares que se estendem através da rede humana ou autoral: [1] o pesquisador dotado de formação ou informação interdisciplinar; [2] as equipes interdisciplinares de pesquisadores; [3] o recuo aos autores clássicos que ainda não atuavam, na época de enunciação de suas obras, no interior de uma conformação disciplinar demasiado rígida.

Antes de prosseguir, registro desde já um aparte: quando falo de pesquisadores, poderia também estar falando de professores, trabalhadores, cientistas, artistas, bem como de representantes das mais diversas práticas. Falar das práticas e diálogos interdisciplinares que são estabelecidos e postos em movimento por *pesquisadores* – isto é, pelos pensadores que atuam na produção do saber dito científico – é só uma questão apropriada para exemplificar e facilitar um discurso. De fato, tudo o que for dito aqui, rigorosamente falando, não precisa se restringir apenas à interdisciplinaridade científica: pode se estender às interdisciplinaridades pedagógica, escolar ou prática, ou inclusive, ainda, às interdisciplinaridades artísticas, seja entre grandes campos de expressão artística – como as Artes Visuais, a Música e a Literatura – ou no interior de um mesmo grupo (por exemplo, entre a pintura e a escultura, que compartilham um espaço comum no interior das artes visuais). Vou me concentrar, entretanto, em exemplos mais específicos relacionados à interdisciplinaridade científica.

Quando pensamos em discutir o papel, como pontes interdisciplinares importantes, dos próprios seres humanos que produzem conhecimento – eles mesmos, como indivíduos concretos e contextualizados – vêm-nos logo à mente aqueles indivíduos de diversificada formação ou de elevada informação interdisciplinar. Lá no extremo mais raro do espectro temos os polímatas, que são os indivíduos que se sobressaem com extraordinário destaque em diversas áreas. Podem ter obtido capacitação formal em várias áreas, ou ter conquistado esta multicapacitação de modo autodidata ou mesmo através da experiência. Em alguns casos, para o qual podem ser citados alguns exemplos históricos muito conhecidos, possuem um surpreendente feixe de habilidades que neles parecem tão naturais que se torna difícil explicá-las.

É comum lembrarmos os nomes de Leonardo da Vinci (1452-1519), Aristóteles (384-322 a.C.) ou Leibniz (1646-1716). Mas impressionam mais ainda os polímatas que já vivem ou viveram nos tempos de fragmentação disciplinar do período contemporâneo, sendo oportuno relevar que, na Itália renascentista de Leonardo da Vinci, ou na Grécia clássica de Aristóteles, vigorava um modelo de *Paideia* (de formação humanista universal) que estimulava o indivíduo educado a se familiarizar efetivamente com diversos saberes. Já mostramos que, a partir do século XIX, passa a vigorar um modelo de parcelarização dos saberes que autoriza e mesmo motiva o orgulho monodisciplinar – o orgulho de cada um ficar no seu pequeno canteiro de conhecimento, onde cultivará sempre as mesmas rosas através das águas da especialidade.

Na verdade, não precisamos do polímata para termos o "indivíduo interdisciplinar" (não nos referimos aqui, neste momento, ao indivíduo "animado da atitude interdisciplinar", mas ao indivíduo que tem mesmo mais de uma formação). Basta ter uma dupla formação, o que não chega a ser tão raro – mesmo nesse mundo tendente à fragmentação dos saberes – que já se forma um *passim* de interdisciplinaridade através de um mesmo indivíduo. Ao final deste livro vou mencionar o caso de alguns físicos-músicos que revolucionaram o campo científico.

Por outro lado, quero dizer que, para pensarmos na rede humana como ponte interdisciplinar, não precisamos nem mesmo dos indivíduos de dupla ou múltipla formação. Existe o recurso das chamadas equipes interdisciplinares. A cooperação entre profissionais ligados a diferentes saberes é suficiente para que se faça da rede humana uma ponte interdisciplinar.

Por fim, quero mencionar uma terceira possibilidade de estímulo interdisciplinar através da rede humana – neste caso da rede autoral – lembrando a proposta de Juan Jose Castillo em seu instigante artigo sobre "O Paradigma Perdido da Interdisciplinaridade" (1987):

Minha proposta, buscando o paradigma perdido da interdisciplinaridade, é retornar a esses clássicos[90], que são nosso tronco comum, e também nossas raízes, sem as limitações dos encastelamentos atuais, tanto profissionais como disciplinares ou científicos[91].

De fato, quando voltamos a um clássico como Karl Marx (talvez não seja o melhor exemplo, se considerarmos que Marx era, de certo modo, um polímata), temos alguma dificuldade em escolher para ele uma única localização no quadro geral dos saberes. Seria melhor defini-lo como filósofo, economista, sociólogo, historiador, cientista político, ou talvez militante? O paradigma do Materialismo Histórico, que se formou em meados do século XIX e passou a ser compartilhado pelas diversas ciências humanas – rendendo frutos principalmente no século XX – foi construído interdisciplinarmente. Não é preciso lembrar que Marx, tendo uma formação filosófica inicial, precisou estudar profundamente toda a produção das ciências econômicas já disponível em sua época para enfrentar o desafio de escrever *O Capital* (1867).

A rigor, se considerarmos alguns dos economistas ingleses nos quais Marx se baseou para a configuração crítica de seu próprio pensamento econômico – tais como Adam Smith e Ricardo – nem podemos dizer que eles já eram diretamente rotuláveis como economistas, pois são tanto pioneiros como anteriores, propriamente dito, à formação deste campo disciplinar que é a Economia. As ciências econômicas os assimilam, como não poderia deixar de ser, aos seus quadros disciplinares. Mas Adam Smith (1723-1790) tanto escreveu obras que fundam a Economia Política como produziu trabalhos em outros campos, como a Fi-

---

90 Ou os pensadores que viveram em uma época mais flexível e de menor isolamento disciplinar.

91 CASTILLO, 1987, p. 153.

losofia Moral[92]. Não fez isso porque era um polímata, ou nem mesmo porque tinha uma dupla formação[93], mas simplesmente porque sua atuação autoral precede de fato à formação de um campo disciplinar, rigorosamente falando, como o da Economia Política.

Algo similar também ocorre, por exemplo, com Philippe Pinel (1745-1826), médico francês que viveu o período da Revolução Francesa. Pinel é muito habitualmente evocado como um dos fundadores da Psiquiatria, e por isso inserido, pela história da ciência, no interior deste campo. Na verdade, era um médico propondo novas categorias para a classificação de distúrbios mentais[94]. Mais tarde – por conta de certos episódios da Revolução Francesa nos quais Pinel ordena a libertação de alienados mentais que estavam presos a correntes de ferro no Manicômio de Bicêtre, situado nos arredores de Paris – passaria também a ser evocado como um antecipador distante do emblemático movimento antimanicomial que ocorreu nos anos de 1970[95]. Desse modo, a referência dissonante ao mesmo sujeito de conhecimento terminou por ser convocada, em momentos distintos, para a historiografia de origem de duas posições epistemológicas antagônicas: a psiquiatria e a antipsiquiatria.

---

92 A *Teoria dos Sentimentos Morais* (1759), de Adam Smith, foi escrita dezessete anos antes da *Investigação sobre a Natureza e a causa da riqueza das nações* (1776).

93 A formação universitária de Adam Smith deu-se na área de filosofia social, na Universidade de Glasgow.

94 *Traité médico-philosophique sur l'aliénation mentale ou La manie* (1801). Neste tratado, Pinel já procede a uma classificação e divisão dos diversos casos que eram vistos como loucura em categorias próprias, como as manias, melancolias, demências e idiotias. Cf. BARROS, 2011c, p. 233-236.

95 O pioneiro do movimento manicomial – negador da tradicional psiquiatria de reclusão – foi o médico veneziano Franco Basaglia (1924-1980). Ao lado disso, já desde os anos de 1960 vinham se desenvolvendo, a partir das contribuições de David Cooper e Ronald Laing, as propostas da chamada Antipsiquiatria.

Quando retornamos a alguns dos clássicos, podemos voltar a um ponto onde a disciplina ainda não se tinha formado – ou, ao menos, a um ponto no qual a disciplina ainda não era tão rígida nos seus limites, na definição dos seus objetos, na hiperespecialização dos seus praticantes. Há clássicos, como o filósofo grego Aristóteles (384-322 a.C.), cujas obras multidiversificadas praticamente constituem entroncamentos de muitos saberes. É possível encontrar, também nos clássicos (ou nos exploradores pioneiros, podemos chamá-los assim), posições que posteriormente deram origem mesmo a epistemologias antagônicas.

O autor clássico também pode ter se constituído, ele mesmo, em um espaço de transição entre duas disciplinas, como veremos mais adiante ter sido o caso de Max Weber (1864-1920), que hoje é classificado disciplinarmente como sociólogo, mas que só assumiu essa identidade disciplinar em um momento mais tardio de sua trajetória autoral.

Muitas vezes, o retono ao clássico é saudável não apenas por causa de sua contribuição específica – a qual, de fato, também é importante – mas também porque a sua obra nos habitua à interdisciplinaridade, uma vez que permite que nos situemos em um momento anterior a certos encastelamentos disciplinares e intradisciplinares que ocorreram na história de certos campos de saber. Esta é mais uma das razões que fazem dos clássicos uma fonte incontornável de aprendizado: não apenas são fundamentais para a disciplina que os elege como referência importante dentro do campo, como também ensinam a transitar entre as disciplinas. Os clássicos, neste sentido, apresentam-se como significativas pontes interdisciplinares. Eles nos situam em um patamar do qual podemos olhar para as coisas de um ponto de vista fora da caixa.

20 A inspiração da Arte

Se alguns dos clássicos podem ser inspiradores em vista da sua anterioridade em relação à rigidez disciplinar, da sua maior criatividade com relação a percorrer as pontes interdisciplinares, e da sua maior audácia em relação a novas formas de pensar, existe ainda outra fonte de inspiração que deveria ser considerada para estimular a interdisciplinaridade científica: a Arte. Ainda mais do que os cientistas, os artistas costumam ser audaciosos na exploração interdisciplinar.

Em espaços-tempos mais recuados, como no Renascimento Italiano, ouvimos falar de grandes artistas que não se limitavam a uma única modalidade de expressão artística. Michelangelo (1475-1564) e Leonardo da Vinci (1452-1519) eram pintores, escultores, arquitetos, poetas. Este último também foi cientista, inventor, engenheiro, botânico, anatomista, geógrafo, e, muitos não sabem, músico. No caso de Leonardo da Vinci, já temos novamente a figura do polímata, e talvez até mesmo o indivíduo dotado da maior diversidade de talentos, entre os nomes que até hoje ficaram registrados na história[96]. Não obstante, mesmo que desconsideremos a figura sem precedentes de Leonardo da Vinci, e ainda a de Michelangelo, devemos lembrar que não era nem um pouco raro o modelo do artista humanista que se mostrava apto a circular nas diversas esferas de saber e de expressão artís-

---

96 Com Leonardo da Vinci, mesmo as fronteiras entre Ciência e Arte se dissolvem em um *sfumato* no qual uma se intermescla com a outra. Assim, as suas acuradas capacidades de análise geológica e de observação botânica, que o permitiam identificar com precisão diferentes tipos de rochas e de plantas, podiam aparecer no plano de fundo de uma pintura de sua autoria. Sua habilidade matemática podia se manifestar no cálculo preciso das proporções das figuras humanas retratadas em um de seus quadros, e ali também se mostrariam os seus cuidadosos estudos de anatomia. Para um inventário maior das realizações de Da Vinci, mesclado com uma narrativa sobre sua vida, cf. ISAACSON, 2017. Para um maior esclarecimento sobre a concepção de Leonardo da Vinci acerca da Pintura como uma "Ciência da representação da Natureza", cf. BARROS, 2008a, e os próprios escritos de DA VINCI, 2000.

tica, ou ao menos no interior de uma esfera múltipla como a das diversas artes visuais.

Neste último caso, não era incomum que um artista se dedicasse simultaneamente à pintura e à escultura, e também a outras artes visuais como a cerâmica, desenho, gravura e arquitetura. Nos tempos mais recentes, incorporaram-se ao universo das artes visuais a fotografia, o vídeo, a arte computacional, e mesmo, em certo sentido, o Cinema – que de todo modo já constitui a sua própria esfera. Os artistas visuais continuam, como outrora ocorreu, dedicando-se ao trabalho em diferentes técnicas e processos, embora também seja recorrente encontrarmos artistas que se dediquem somente à pintura, por exemplo.

Para a nossa discussão específica sobre a interdisciplinaridade, o que quero ressaltar é que a pintura e a escultura implicam técnicas muito diversas, e mobilizam também diferentes visões de mundo, assim como a cerâmica e o desenho, e mais ainda outras possibilidades que se tornaram possíveis com a tecnologia dos dois séculos recentes, tal como a fotografia e o vídeo. Não obstante, os artistas têm mostrado – mais do que os cientistas de diversas áreas – uma maior ousadia para ultrapassar a sua especialidade artística original, no caso em que possuem uma com a qual mais se identificam ou aquela a que mais se dedicam. Em vista disso, sustentarei a seguir que, na Arte, encontramos de fato uma atitude interdisciplinar ao mesmo tempo mais intensa e mais abrangente.

O modelo do *uomo universalis* era muito difundido como um ideal renascentista, realizando-se em nomes para além dos polímatas mais excepcionais que já mencionei. Podem ser citados artistas como Leon Battista Alberti (1404-1472) – pintor, escultor, arquiteto, urbanista e músico. Também o famoso pintor Rafael Sanzio (1483-1520) foi adicionalmente arquiteto, *designer* de objetos e cenógrafo – além de pesquisador da Antiguidade clássica e antecipador dos profissionais dedicados à preservação do patrimônio artístico. Podemos encontrar nomes de menor destaque, como o de El Greco (1541-1614), também pintor, escultor e arquiteto. E, o quanto quisermos, podemos seguir encontrando novos exemplos, pois era comum, aos artistas visuais renascentistas, uma livre-circulação ao menos nas modalidades situadas no âmbito das Artes Visuais, por mais distintas que fossem suas técnicas e materiais de trabalho.

Curiosamente, foi na modernidade oitocentista – a mesma na qual se viu nascer uma maior demarcação disciplinar – que começam a aparecer mais os artistas especializados em uma única modalidade expressiva, como a pintura de Eugène Delacroix (1798-1863) ou a escultura de Auguste Rodin (1840-1917). De todo modo, os artistas – mesmo quando dedicados a uma única arte ou técnica – sempre costumaram estar atentos às outras modalidades do seu campo, ou às outras formas de expressão artísticas. Os pintores românticos estavam particularmente atentos à Literatura; além disso, havia a concepção romântica da "obra de arte total", encaminhada pelos dramas musicais wagnerianos[97]. Já os pintores cubistas e expressionistas do período moderno estiveram muito atentos à Música.

O pintor russo-alemão Wassilly Kandinsky (1866-1944), por exemplo, costumava estender uma imaginação musical sobre sua arte pictórica, e chamava seus quadros de "composições", como fazem os músicos em relação às peças musicais por eles criadas. Também chamou algumas de suas obras, produzidas mais espontaneamente, de "improvisações" – outra alusão a um procedimento musical.

Foi a possibilidade de imaginar e sentir musicalmente o seu universo pictórico o que permitiu que Kandinsky criasse um estilo inteiramente inovador no seio do expressionismo abstrato

---

[97] Richard Wagner (1813-1883), compositor alemão de óperas, preconizava com os seus dramas musicais a conjugação, em uma obra de arte total, da música, teatro, canto, dança e artes plásticas.

alemão[98]. As cores e formas com as quais Kandinsky cria as suas composições, em boa parte delas evitando os contornos geométricos mais tradicionais, fluem como sonoridades musicais que dialogam harmônica e polifonicamente. De fato, não poderia haver para a pintura abstrata de Kandinsky e de outros expressionistas abstratos uma afinidade eletiva mais adequada do que a da Música – ela mesma a mais abstrata de todas as artes e a grande configuradora de uma linguagem própria que já se mostra, de saída, liberta da necessidade de representar o mundo exterior, a não ser nos gêneros musicais descritivos (os poemas sinfônicos) ou em gêneros vocais como a canção ou a ópera, nos quais a Música se alia, para este fim, à Poesia.

Essa propriedade única da linguagem musical, que a tornou particularmente inspiradora e relevante para a interdisciplinaridade artística com a pintura abstrata, foi muito bem expressa pelo antropólogo belga Claude Lévi-Strauss (1908-2009), em uma das mais singulares de suas obras (*O cru e o cozido*). Nessa obra sobre as mitologias indígenas, Lévi-Strauss ousa estender uma imaginação musical sobre a Antropologia (ao mesmo tempo em que retribui com uma imaginação antropológica dirigida para a compreensão da música), e considera que, dentre todas as linguagens, a Música "é a única que reúne as características contraditórias de ser ao mesmo tempo inteligível e intraduzível"[99].

Pois é esta dupla propriedade da linguagem musical, de ser a um só tempo inteligível e intraduzível, que Kandinsky procura trazer para as suas realizações pictóricas. Suas obras são pensa-

---

98 Kandinsky também escreveu poemas extremamente inovadores que fazem referência a cores e linhas; desse modo, pode-se dizer que, com esta parte de sua produção artística, Kandinsky investiu na possibilidade de imaginar e sentir pictoricamente a Poesia.

99 LÉVIS-STRAUSS, 2010, p. 157. A esse livro do antropólogo belga Claude Lévi-Strauss – *O cru e o cozido* (1964) – voltaremos mais uma vez, no penúltimo capítulo deste livro.

das como pinturas musicais, ou composições pictóricas[100]. Sem ter ousado explorar mais criativamente a interdisciplinaridade entre Pintura e Música, Kandinsky não teria chegado a esta realização tão singular no universo das criações expressionistas. Além disso, o pintor correspondeu-se durante cinco anos com o músico expressionista Arnold Schoenberg (1874-1951) – introdutor de uma nova linguagem no interior da música, o atonalismo, e posteriormente de um sistema musical inovador que ficou conhecido como Dodecafonismo.

Arnold Schoenberg, sintomaticamente, também era pintor, embora em suas telas, bem menos conhecidas do que suas realizações musicais, tenha optado por um expressionismo figurativo à maneira de Oskar Kokoschka (1886-1980). Schoenberg também interagiu amplamente com a poesia e o teatro expressionista. Em muitas das cartas trocadas entre Kandinsky e Schoenberg são discutidos intensamente os diálogos possíveis entre as várias artes[101].

A inspiração na atitude artística de explorar o encontro entre modalidades tão distintas como a Pintura e a Música, renovando uma e outra, poderia beneficiar a interdisciplinaridade científica. Seria possível imaginar antropologicamente a História? Não faltaram realizações neste sentido. Ou que tal pensar historiograficamente a Geografia? Ou, ainda, geograficizar a Linguística? Por que não, conforme veremos no último capítulo deste livro, pensar musicalmente a Física?

---

100 A proposta de Kandinsky era a de criar a "pintura pura", a qual deveria ter a mesma capacidade apresentada pela Música de gerar respostas emocionais nos ouvintes, sem que fosse preciso aludir a qualquer elemento figurativo ou literário. Suas concepções sobre a possível musicalidade da pintura podem ser encontradas no livro escrito por ele mesmo: *Do espiritual em arte* (1912). Há ainda um texto mais específico: *Pintura como uma Arte Pura* (1913).

101 Um amplo estudo sobre as relações interartísticas entre Pintura e Música, e também sobre as correspondências possíveis entre as histórias de cada uma destas formas artísticas de expressão, foi realizado em 1998 pelo musicólogo francês François Sabatier (n. 1945), com o livro *Mirois de la Musique* (1998).

Outro exemplo de atitude interdisciplinar na arte – ou mesmo transdisciplinar, já que propôs transcender as modalidades artísticas tradicionais e terminou por constituir uma nova interdisciplina ou interarte – foi o da Colagem. A nova técnica passou a ser utilizada ainda na primeira metade do século XX por artistas cubistas como Pablo Picasso (1881-1973) e Georges Braque (1882-1963), e também pelo pintor fauvista Henri Matisse (1869-1954). A colagem era já o primeiro passo de uma pintura que queria ultrapassar os limites de uma arte pictórica elaborada em uma superfície de duas dimensões e presa a uma moldura ortogonal. A técnica consiste em colar pedaços de papel colorido ou desenhado, ou outras texturas, na tradicional superfície plana de uma tela.

A Colagem não poderia ser imaginada se não se ultrapassasse o conceito planar de pintura. Para ser realizada foi preciso uma atitude interdisciplinar ou interartística – uma transcendência de duas modalidades já tradicionais nas artes visuais: a pintura e a escultura. A colagem está nesse encontro entre duas modalidades distintas, assim como ocorre com diversas outras práticas e realizações posteriores, tais como os contrarrelevos de Rodchenko (1891-1956) – que também constituem objetos intermediários entre a pintura e a escultura – ou ainda as arquiteturas suprematistas de Malevich (1898-1935), que entrelaçam as modalidades da escultura e da arquitetura[102].

No Brasil dos anos de 1960, a transcendência da pintura na direção do espaço também foi realizada por artistas como Lygia Clarke (1920-1988) e Helio Oiticica (1937-1980). Este último, depois de realizações com a pintura concreta, começou por construir pinturas de dupla face que tinham de ser observadas pelo espectador pelos dois lados e por todos os ângulos; depois,

---

102 Os *architektons* – maquetes arquitetônicas brancas, constituídas pelas montagens interligadas de cubos, prismas e cilindros – foram exibidos em março de 1926, em Varsóvia.

chegou aos objetos suspensos no teto, até conceber finalmente as instalações que tinham de ser penetradas pelos observadores, em um gênero que já era uma interarte que unia pintura, escultura e arquitetura, e mesmo outros campos de expressões artísticas[103].

Com todos estes exemplos, e outros mais que poderiam ser dados, quero sinalizar para a ocorrência mais habitual, entre os artistas, da atitude interdisciplinar ou transdisciplinar. Na Arte, os limites são atravessados com maior facilidade. Também ocorrem os diálogos da Arte com disciplinas exteriores ao mundo artístico, como foi o caso da Arte Conceitual, um gênero no qual artistas como Josep Kosuth (n. 1945) estabeleceram uma interação bastante singular entre Arte e Filosofia[104].

Além dos exemplos até aqui evocados, algumas das diversas formas de arte pressupõem necessariamente o trabalho interdisciplinar entre artistas ligados a diferentes formas de expressão. É o caso de gêneros musicais específicos, como a ópera (espetáculo teatral e musical que dramatiza enredos muitas vezes inspirados na Literatura), e é o caso, mais ainda, do Cinema – a arte que reúne dentro de si todas as outras, embora constituindo uma linguagem própria.

O Cinema é interdisciplinar – e interartístico – por excelência. Dificilmente poderia ser de outra maneira. Ainda que excepcionalmente tenha contado com cineastas interdisciplina-

---

103 Os *penetráveis*, de Hélio Oiticica – entre os quais a famosa instalação Tropicália (1967) – eram espaços em forma de labirinto nos quais o espectador podia entrar para usufruir, além da experiência visual e performativa proporcionada, de experiências sensoriais também relacionadas ao tato, olfato, audição, ou mesmo paladar. Constituíam obras de arte interativas, que precisavam ser vivenciadas pelos espectadores. Rompia-se o limite, portanto, entre o artista e o público, ou entre a obra de arte e o próprio mundo.

104 Exemplo típico de arte conceitual é a obra idealizada por Kosuth com o título *Uma e três cadeiras* (1969), na qual são colocadas lado a lado uma cadeira (um objeto), uma fotografia desta, e uma definição de dicionário para "cadeira", em uma folha de papel. Kosuth idealizou uma série de obras como esta, com a finalidade de rediscutir os próprios limites da Arte, ou a sua superação. Sobre a arte conceitual, cf. BARROS, 2008b.

res – como o multiartista britânico Charles Chaplin (1889-1977), que foi diretor, roteirista, ator, músico e produtor de suas realizações – o modelo essencial do Cinema é certamente o da equipe interdisciplinar. Enquanto um laboratório de Microbiologia costuma contar com uma equipe formada exclusivamente por microbiologistas, já o *set* cinematográfico congrega necessariamente uma grande equipe formada por artistas, profissionais e técnicos ligados às mais diversas especialidades, sem contar o trabalho prévio realizado pelo roteirista e o trabalho posterior do montador e de outros profissionais que trabalham na edição da obra fílmica. No *set*, teremos também a presença de determinados campos artísticos e técnicos criados ou aperfeiçoados especialmente para o cinema, como a Fotografia[105]. A isso tudo se junta a Cenografia, a Música e outros campos artísticos já tradicionais, quando não a Literatura, nos casos em que o roteiro do filme é extraído de alguma obra literária. Se o filme é histórico ou biográfico, também incluirá o trabalho de pesquisadores. Por fim, os atores e atrizes! – e toda a equipe de diferentes profissionais que se responsabilizam pelas suas imagens, indumentária, maquiagem e tantas outras coisas mais.

    Interdisciplinar, o Cinema é quase sempre obra coletiva, ainda que se possa pensar em um filme construído com "uma câmera na mão e uma ideia na cabeça"[106]. Em contrapartida, basta um

---

[105] A Fotografia, no Cinema (que deve ser diferenciada da tradicional arte da Fotografia que trabalha com imagens estáticas), é responsável por inúmeros aspectos: a angulação conforme a câmera focaliza o objeto em cena, a iluminação, o enquadramento, os contrastes, os tipos de lentes utilizadas, as cores e tons da imagem. Cada um destes aspectos, que compõem a Fotografia como um todo, pode envolver diferentes operadores e profissionais.

[106] Frase cunhada por Glauber Rocha (1939-1981) para explicitar o espírito do Cinema Novo. Na prática, não era bem assim, pois os filmes produzidos por este movimento continuaram a ser produções coletivas e, certamente, interartísticas e interdisciplinares. De todo modo, hoje a tecnologia digital e a Internet proporcionam a possibilidade de indivíduos isolados produzirem vídeos para serem disponibilizados em sites como o youtube. Distanciamo-nos, aqui, do caráter coletivo e interdisciplinar do Cinema.

autor e uma caneta na mão para se escrever um livro, seja este um romance ou um ensaio antropológico. A esta experiência solitária contrapõe-se o Cinema.

A Ciência também deveria ser (e na verdade é) uma imensa produção coletiva, sendo que cada uma de suas realizações específicas traz as marcas indeléveis desta coletivização, e também dos diálogos interdisciplinares que as tornaram possíveis. No entanto, nem todos os cientistas parecem ter a devida consciência disso. Ou, ao menos, parecem ter menos consciência da rede coletiva e interdisciplinar que os envolve do que os artistas – músicos acostumados a tocar juntos as obras de outros ou a compor trilhas para o cinema, pintores que se citam uns aos outros através das releituras de grandes obras de arte, coreógrafos que se juntam aos pintores para compor o cenário e o movimento de um espetáculo dançante de teatro. Cineastas, talvez, que dão vida e movimento ao pequeno mundo solitariamente imaginado por um romancista, ou poetas que são convocados para acrescentar letra a uma bela melodia. Lembremos ainda os criadores de instrumentos musicais, também artistas, que lidam atentamente com as séries harmônicas e proporções descobertas pelos matemáticos, ou os arquitetos que procuram apaixonadamente conciliar as preocupações estéticas das artes visuais com o praticismo e a funcionalidade dos engenheiros. Estes vários exemplos parecem ilustrar o fato de que os artistas, em seus processos de formação e no exercício da diversidade de suas práticas, são beneficiados por mais oportunidades de tomarem consciência da dimensão coletiva e interdisciplinar na qual estão envolvidos. Tudo isto nos leva a perguntar: Não poderia a Arte ajudar a Ciência a desenvolver uma maior consciência acerca de sua interdisciplinaridade?[107]

---

[107] Há ainda outro aspecto que não deixa de ser interessante para a nossa reflexão. Thomas Kuhn, em um artigo de 1969 intitulado "Comentários sobre a relação entre ciência e arte", chama atenção para outra das peculiaridades que distinguem a Arte da Ciência: "os produtos da atividade artística realizada no passa-

Neste momento final, quero ressaltar que a oposição entre Ciência e Arte é ela mesma historicizável. Na Idade Média, era comum o uso da designação "artes" como uma referência às práticas ou ofícios que poderiam ser exercidos pelos homens livres, ou ainda aos campos que deveriam fazer parte de educação universitária. Antes disso, porém, temos as acepções primordiais que se desdobram do latim, onde a raiz *ars* significava "habilidade" (ou "capacidade de fazer alguma coisa")[108]. Para nossa reflexão específica acerca da distinção e similitudes entre Arte e Ciência, é interessante lembrar que, no conjunto das sete artes liberais definidas pelos antigos, situavam-se o *Trivium* – formado pela lógica, gramática e retórica – e o *Quadrivium*, no qual se incluíam a Aritmética, Geometria, Música e Astronomia. Não deixa de ser curioso, para as nossas divisões atuais, que a Música (hoje considerada uma "arte") esteja lado a lado com a Astronomia, a Aritmética e a Geometria (hoje consideradas ciências)[109].

Passada toda uma história repleta de definições e redefinições, consolidou-se a partir do século XIX a divisão que hoje conhecemos. Afirma-se uma dicotomia entre Ciência e Arte, situando-se neste último grupo aquelas práticas que se relacionam com os interesses estéticos, criadores, voltados para as possibi-

---

do são ainda elementos vitais da cena artística do presente". Já a Ciência – ao invés de ser cumulativa como a Arte, e de incorporar ao seu cenário vivo todas as realizações anteriores do campo – seria progressiva, desenvolvendo-se sob a perspectiva de superar (ou mesmo destruir) as realizações científicas no passado. Frequentemente, uma teoria científica substitui a outra. Enquanto isso, cada nova obra artística soma-se às demais. Uma sinfonia de Beethoven ou um clássico do *Jazz* sempre farão parte do repertório das orquestras e *jazz-bands*, assim como os museus sempre serão frequentados por pessoas interessadas nas pinturas e esculturas produzidas nos diversos momentos da história da arte. Com isso, os artistas desenvolvem também um maior reconhecimento em relação ao seu passado, assim como também o público de arte.

108 Já entre os antigos gregos utilizava-se uma palavra própria para remeter a este aspecto: a *poiésis*, compreendida como "a capacidade de fabricar algo que tenha significado". Na mesma direção, a *poiésis* podia ser entendida como o próprio "processo criativo" (trazer à existência algo que antes não existia).

109 Ciência (*scientia*) também deriva do latim, e remete a "conhecimento".

lidades de despertar emoções de diversos tipos e desligados (ou pelo menos não necessariamente ligados) de funções específicas que não a de desencadear prazeres estéticos.

Essas divisões do trabalho intelectual e criativo entre a Ciência e a Arte, por outro lado, devem ser relativizadas. Alguns cientistas destacam a presença estrutural de aspectos estéticos – e portanto artísticos, no sentido atual – em certos setores da ciência, tal como na Física Teórica[110]. Quero lembrar também o caso da História. Considerada uma ciência desde o século XIX, os historiadores nunca deixaram de reconhecer que uma parte importante de suas realizações se refere ao momento da elaboração do texto que expõe o resultado do seu trabalho de pesquisa e de reflexão sobre a história. Nesse sentido, se o historiador é um cientista no momento em que desenvolve sua pesquisa e elabora sua argumentação, é também um artista (um literato) no momento em que dá forma ao seu texto. Daí que a História, conforme veremos no próximo capítulo, demanda interdisciplinaridades tanto relativas aos campos artísticos de expressão como às demais ciências.

---

[110] Essa era a opinião de Mário Schenberg (1914-1990), renomado físico brasileiro que também teve uma atuação importante como crítico de arte e militante político, e que também preconizava que o cientista deveria se preocupar em se aproximar da atitude mais ousada e criativa do artista. Sobre a trajetória de entrelaçamentos entre ciência e arte que foi a própria vida de Mário Schenberg, cf. OLIVEIRA, 2011.

Segunda parte

Dois feixes interdisciplinares

IV
História e Interdisciplinaridade

21 A História diante de suas fronteiras

Vou me concentrar, no presente capítulo, no caso mais específico da História, que constitui o meu campo de estudos mais específico e por isso me fornece exemplos mais imediatos e familiares a mim. Quero dizer, por outro lado, que reflexões similares às que desenvolverei aqui podem ser empreendidas para cada um dos diversos campos de saber que constitui a atual rede de saberes acadêmicos (e mesmo fora da academia), já que todos estes saberes costumam estabelecer fortes interações interdisciplinares e transdisciplinares uns com os outros.

De certa maneira, este campo que foi desde seus primórdios denominado História já nasceu enredado por diversas interdisciplinaridades, e talvez seja este o campo de práticas e saberes que apresenta o maior potencial interdisciplinar – mesmo porque cada campo de saber, como já ressaltei, não importa qual seja ele, tem sempre a sua própria história, de modo que cada cientista precisa em certo momento enfrentar o desafio de estender um olhar historiográfico sobre o seu próprio campo de práticas científicas. Existe, enfim, uma história da Física, uma história da Medicina, uma história da Filosofia, e assim por diante. Também se pode falar na História da Ciência, de modo mais geral, seja esta concebida como um campo intradisciplinar de estudos dentro do próprio campo de saber História, ou como uma disciplina "transdisciplinar" (ou uma interdisciplina) que recobre historicamente ou historiograficamente o desenvolvimento das diversas disciplinas e práticas científicas no tempo.

De nossa parte, consideremos, para começar, que a História é um saber antigo. Talvez tenha se desdobrado do ancestral artesanato memorialista e laudatório requerido pelos reis e faraós das mais antigas civilizações, como a dos povos acádios e egípcios; ou, talvez, já como disciplina reflexiva e autoral que se produziu e encontrou seu lugar na época dos gregos antigos, talvez tenha se desprendido da Filosofia ou da Poesia. Há muita discussão sobre isto[111].

As especulações acerca das origens da História recolocam o problema de que cada disciplina nascente, ou que adquire visibilidade em um universo de saberes já aceitos em determinada civilização, seja esta qual for, precisa encontrar seu lugar em um espaço imaginário já territorializado, embora sempre em expansão. Dito de outra forma, toda nova disciplina precisa se posicionar em relação às demais que já existiam antes de sua formação, e mesmo se recolocar diante de outras que surgirão posteriormente.

Pode-se discutir se a disciplina História surge pela primeira vez em civilizações como a dos acádios e egípcios, nas quais existia já certamente uma história sem, contudo, existir mais propriamente a figura de um historiador, assim nomeado, como ocorreu com o historiador grego Heródoto[112]. De um modo ou

---

111 Cf. BARROS, 2011d, p. 32.

112 Embora tradicionalmente se diga que Heródoto é o "pai dos historiadores", a História – enquanto discurso que se organiza sobre acontecimentos – já existia muito antes de Heródoto. De acordo com o historiador François Hartog, a prática da narrativa histórica remonta à monarquia de Akkad (2270-2083 a.C.), na Mesopotâmia. Motivados pelo interesse de unificar o país sob uma autoridade única, os monarcas akkadianos já haviam começado a utilizar os seus escribas para escrever a sua própria história (HARTOG, 2003, p. 13). Entrementes, Heródoto teria sido o primeiro praticante voluntário e autoral da História, de modo que não é desprovido de sentido dizer que ele é o primeiro historiador propriamente dito.

de outro, na Grécia Antiga, este campo em formação que foi a História precisou se contrapor à Filosofia, mais antiga, e a outras formas de expressão ou campos de práticas, tais como a Poesia Lírica, a Poesia Épica e a Retórica. Ao mesmo tempo, a História desde cedo, e ainda na Antiguidade, precisou se irmanar a outros campos também nascentes, como a Geografia[113].

Posteriormente, já no mundo moderno, a História foi confrontada pelo surgimento das novas práticas científicas no seio das ciências da sociedade, sendo demandada a sua contraposição mais imediata à Economia Política, Sociologia e Antropologia. Os confrontos entre História e as demais ciências sociais (bem como suas alianças) são visíveis no século XX, e um exemplo já clássico é o dos embates institucionais que se deram na França à época da Escola dos *Annales*[114].

Antes disso, porém, a História foi bem-sucedida ao se reinventar no século XIX, quando postulou a sua própria cientificidade, e nesta mesma época passou a conviver com as já mencionadas disciplinas que ainda estavam se formando no campo das ciências sociais e humanas. Os historiadores se empenharam, no decorrer de todo o século XIX, em trazer ao seu campo de práticas e saberes uma identidade zelosamente cultivada, em desenvolver métodos bem-definidos, em formar uma comunidade científica com as suas próprias especificidades. Entregaram-se tanto a estas metas, e encontraram tão remarcável receptividade da população para o tipo de saber que produziam – além de atrair o franco apoio dos estados-nacionais que então se reorganizavam –, que o século XIX chegou a ser apelidado de "o século da História"[115].

---

113 Cf. *História, Espaço, Geografia*, também publicado pela Editora Vozes (BARROS, 2017, p. 17-22).

114 Cf. *A História em migalhas* (DOSSE, 1987).

115 Esta expressão é empregada pela primeira vez, referindo-se ao século XIX, pelo historiador francês Augustin Thierry, nas *Cartas sobre a História da França* (1820).

Depois de um século desde a sua refundação na transição do século XVIII para o século XIX, puderam finalmente se abrandar as tensões produzidas pela imperiosa necessidade de construção e reafirmação de uma singularidade disciplinar – aquilo que faria da História um saber científico distinto de todos os outros. Já segura de suas fronteiras, e legitimada pela rede de saberes científicos, a História já podia se sentir mais confortável como ciência.

Talvez por isso, no decurso de todo o século XX, certos setores da historiografia se beneficiariam de um extraordinário impulso interdisciplinar, de modo que, a partir daí, a História poderia se renovar criativamente através do diálogo com diversos outros campos de saber, sendo que o papel dos *Annales*, esta famosa escola historiográfica francesa, foi exemplar nesta direção. É oportuno ressaltar, entrementes, que a proposta de uma ação interdisciplinar não foi de domínio exclusivo dos historiadores franceses ligados à chamada Escola dos *Annales*, ainda que, tal como já vimos em outra oportunidade[116], a interdisciplinaridade tenha de fato se constituído em um item programático fundamental para os historiadores dos *Annales* – praticamente atingindo o *status* de um "item de topo": a nota dominante e mais altissonante do seu acorde programático. Ao lado disso, tanto no âmbito do Materialismo Histórico como no âmbito da linha hermenêutica derivada do Historicismo, a questão da interdisciplinaridade também já vinha sendo colocada em toda a sua riqueza, seguindo adiante em um quadro rico de reflexões e práticas[117].

---

116 BARROS, 2012, p. 104-107.

117 Para dar um exemplo fora do circuito historiográfico europeu, são dignas de nota as antecipações da proposta de interdisciplinaridade encaminhadas por James Harvey Robinson (1863-1936), outro opositor da redutora "história política". Robinson organiza nos Estados Unidos de sua época uma "Nova História" (1912) que já pretende trabalhar tanto com a ampliação documental como com a ampliação do interesse historiográfico para todas as dimensões da sociedade, que não apenas a Política.

Pierre Vilar (1906-2003), por exemplo, um historiador e geógrafo marxista que dialogou de forma particularmente produtiva com o grupo dos *Annales*, também abordou, nos textos que compõem *Marxismo: uma História em Construção* (1973), uma concepção de "história total" que colocava em íntima interação a perspectiva de história total das primeiras gerações dos *Annales* e a célebre concepção de Karl Marx de que "tudo é história"[118].

Tratava-se de dar a perceber que nenhum aspecto na história humana escapava à História, e que, portanto, todos os objetos a serem abordados pelas demais ciências sociais e humanas deveriam ser avaliados também sob a perspectiva de sua historicidade. Assim, se a História é ciência humana e social, de igual maneira cada uma das várias ciências sociais e humanas deveria ser vista também como uma ciência histórica. Isso, em última instância, não deixa de ser uma consequência imediata dos próprios princípios sustentados pelo Materialismo Histórico desde Marx e Engels.

De outra parte, a interdisciplinaridade seria igualmente primordial para outros historiadores ligados ao Materialismo Histórico, entre os quais o historiador inglês Edward Palmer Thompson (1924-1923), que desenvolve suas pesquisas em intenso diálogo com a Antropologia e que registra esta preocupação interdisciplinar em detalhes no seu célebre artigo "Folclore, Antropologia e História Social" (1977).

A ideia de que a História alinha-se às demais Ciências Humanas e Sociais, se estendermos um olhar mais recuado para a história da historiografia, também já havia sido uma questão de base para os setores do Historicismo responsáveis por uma re-

---

118 Pierre Vilar (1906-2003) pode ser evocado como mais um dos muitos casos de intelectuais interdisciplinares: teve sua formação universitária inicial como geógrafo, entre 1925 e 1929; seu percurso como pesquisador – em particular através de seus estudos sobre a história da Catalunha – é francamente historiográfico; e em 1965 ele seria nomeado para a cátedra de História Econômica e Social da Sorbonne. *O ouro e a moeda na História: 1540-1920* (1969) foi a sua obra mais marcante.

flexão hermenêutica mais aprofundada, tal como fora o caso de Wilhelm Dilthey (1833-1911). Em fins do século XIX, este filósofo havia situado a História e demais ciências sociais e humanas sob a rubrica mais abrangente das "ciências do espírito" (*geisteswissenschaften*)[119], e delineara este grande grupo de campos de saber por contraposição às chamadas "ciências da natureza". Mais tarde, Hans-Georg Gadamer (1900-2002), filósofo que escreve na segunda metade do século XX as suas obras *Verdade e Método* (1960) e *Consciência Histórica* (1957), aprofunda ainda mais a discussão sobre a tomada de consciência histórica, chamando atenção para o fato de que todas as ciências sociais e humanas são também "ciências históricas"[120]. Deste modo, se a História é ciência humana e social, as ciências humanas e sociais, nas suas várias modalidades, são também "ciências históricas", daí decorre que os diálogos entre a História e as demais ciências sociais devem se estabelecer em perfeita reciprocidade, de modo que a interdisciplinaridade praticamente se afirma aqui como uma incontornável necessidade.

Por fim, se os historiadores são motivados a cruzar as fronteiras que os separam das demais ciências – e em especial das ciências humanas e sociais – há ainda um último quadro de interdisciplinaridades que a eles se impõe. Já ressaltei anteriormente que a História, ao menos a partir da transição do século XVIII para o século XIX, tem sido considerada pela maior parte dos seus praticantes como uma ciência. O historiador trabalha como métodos, extrai de fontes criteriosamente indicadas tanto as informações com as quais irá trabalhar como os discursos que precisará analisar. A partir do século XIX, em vista disso, desenvolveu-se uma prática de rigorosa crítica documental, e multiplicaram-se as metodologias e técnicas disponíveis aos historiadores para análises de fontes. No âmbito da teoria, os his-

---

119 DILTHEY, 1883.

120 GADAMER, 2008. • GADAMER, 1996.

toriadores desenvolveram perspectivas amparadas em conceitos e em argumentações coerentes, tal como fazem os cientistas de quaisquer outras áreas.

Além disso, se a História tendeu a ter a sua margem de subjetividade reconhecida pela maioria dos seus praticantes – uma vez que o historiador é envolvido por uma configuração de intersubjetividades que afeta o seu trabalho – há elementos de franca objetividade presentes no trabalho historiográfico. Ao contrário do escritor de ficção, o historiador não pode inventar os seus materiais, sua base de dados, ou as informações com as quais deverá construir sua trama. Mais ainda, como qualquer cientista, o historiador vai assinalando, no decurso do seu trabalho, elementos que podem ser checados pelos seus pares. Indica com muito cuidado, para seus leitores, de onde extraiu cada informação e discurso analisado, de modo que, de alguma maneira, o seu caminho investigativo e interpretativo pode ser refeito. Por tudo isso, a História é uma ciência.

Por outro lado, o historiador precisa, ao final de seu trabalho, produzir um texto. Por este texto se interessarão diferentes tipos de leitores. Compor um texto não apenas inteligível, mas também prazeroso e interessante, não é incompatível com a dimensão de cientificidade do trabalho historiográfico. Sustento que, como um artista, o historiador precisa tomar certas decisões que não deixam de ser estéticas. Ao escrever seu texto final, o historiador precisa ser tão criativo como qualquer literato. Ele terá de lidar, por exemplo, com o tempo. Deverá tratá-lo linearmente? Poderá concebê-lo como uma polifonia de temporalidades, ao considerar que certos processos e cenários mudam mais lentamente, enquanto que outros mostram um ritmo mais acelerado? Deverá trabalhar progressivamente com o tempo, ou poderá se utilizar de idas e vindas no tempo narrativo, como fazem os romancistas e cineastas? Deverá o historiador utilizar-se de uma linguagem técnica, ou poderá empregar metáforas, sem que isso afete a cientificidade do seu trabalho? Como lidar com a densidade dramática de sua narrativa? Que recursos utilizar para descrever uma cena?

Tudo isso abre um último grupo de importantes interdisciplinaridades possíveis aos historiadores. As tradicionais formas artísticas de expressão – Literatura, Cinema, Música, e mesmo as artes visuais – podem se apresentar aqui como diálogos possíveis. Oportunamente, veremos que certos conceitos vindos de diferentes campos artísticos podem ser assimilados pelos historiadores para integrar o seu repertório conceitual. Polifonia, cenário, *performance*, entre outros, são alguns dos conceitos artísticos que adentraram a História. Os modos de narrar a história – inspirados seja na Literatura, seja no Cinema – também constituem um vasto universo de possibilidades.

Por causa de sua posição privilegiada no multiverso das disciplinas – a qual lhe permite tocar simultaneamente a dimensão da ciência e a dimensão da arte – os historiadores podem dialogar tanto com os demais saberes científicos como com os campos artísticos de expressão. Também já se acumularam ricas discussões sobre a natureza artística da História. Elas afloram, ainda que timidamente, a partir do século XIX – o século no qual se declarou a cientificidade da História – pois em períodos anteriores sempre pareceu mais ou menos óbvio aos historiadores que eles precisavam lidar criativamente com o aspecto narrativo. Em um momento de fechamentos disciplinares, no qual começam a ser pensadas mais rigorosamente as diferenças entre Ciência e Arte, a História foi recorrentemente levada a ser posicionada mais de um lado do que no outro, mas também, de alguma maneira, entre estas duas dimensões[121]. De qualquer ma-

---

121 O filósofo Friedrich Nietzsche, em alguns dos seus textos e fragmentos sobre a História, cobra esta postura de um novo tipo de historiador-artista que deveria se confrontar, em um ambiente historiográfico mais saudável, com o modelo de historiador-cientista que vinha se fortalecendo na historiografia de sua época: "para isto é preciso, antes de mais nada, de um grande poder artístico, a faculdade de cercar as coisas com um halo criador, de mergulhar com amor nos dados empíricos, de criar imagens novas a partir de tipos dados –

neira, eis aqui mais um aspecto que estimulou e tem estimulado a interdisciplinaridade historiográfica.

22 A linguagem interdisciplinar da História

Marc Bloch (1886-1944) certa vez utilizou uma metáfora que é muito citada nos livros de introdução ao conhecimento histórico. Diz ele que "a História é como o ogro da lenda: tem fome de carne humana"[122]. Gostaria de acrescentar um pequeno complemento. A História tem sede de interdisciplinaridade. A sede interdisciplinar da História é tão incontornável que, em todos os momentos em que houve ameaças de suas "fronteiras" serem convertidas em "limites", nunca tardaram a surgir ou a se reintensificar expressivos movimentos interdisciplinares. Há muitos fatores que convergem para essa tendência da História derrubar todos os muros que estes ou aqueles praticantes sejam tentados a construir.

Um destes fatores é a própria linguagem da qual precisam se utilizar os historiadores. A linguagem da História é múltipla e híbrida. Sua própria natureza multifacetada lhe veda o direito de construir um castelo inacessível para abrigar um jargão secreto e único, a ser somente conhecido por seus iniciados, tal como ocorre com o linguajar jurídico ou com o "economês" (para utilizar uma expressão coloquial muito habitual). Jamais ouviremos falar do "historiês", da mesma forma como ouvimos falar do "economês", do sinuoso e capcioso dialeto jurídico, ou então de um certo jargão médico que se conserva ciosamente bem guar-

---

para tanto, é preciso certamente objetividade, mas somente no que ela tem de positivo; pois muito frequentemente a objetividade é somente uma palavra" (NIETZSCHE, 2005, p. 124-125). Posteriormente, mas ainda no mesmo século, apareceria o livro de Benedetto Croce intitulado *A História reduzida ao conceito geral de Arte* (1897). A discussão proposta por esta obra será retomada por R.G. Collingwood (2001, p. 297). Mas é a partir dos anos de 1970 que surgem polêmicas mais recorrentes sobre a dimensão estilística da História, a exemplo das obras de Hayden White sobre *A Meta-História* (1973).

122 A metáfora é utilizada em *Apologia da História* [1941-1942] [BLOCH, 2001, p. 54].

dado no interior de um castelo disciplinar, quase sinalizando que dali não devem se aproximar desavisadamente os leigos e os praticantes de outros saberes[123]. Do ponto de vista discursivo, a História é como *Macunaíma*, o "herói sem caráter" inventado por Mário de Andrade (1928). Seu repertório linguístico e discursivo, aberto à assimilação de todos os saberes, torna-se por isso mesmo o mais complexo, ainda que também o linguajar mais simples da vida comum esteja incluído na sua palheta de recursos discursivos.

A linguagem da História, de fato, traz singularidades adicionais, não encontráveis em nenhum outro saber. Para já tocar em uma das questões que nos interessam – a da escrita da História – devemos lembrar que os historiadores desenvolvem seu discurso a partir de uma linguagem que combina a fala comum e o artifício literário, a isso acrescentando o uso de conceitos mais bem-elaborados, não raras vezes importados de outros campos de saber. Dito de outra forma, o discurso historiográfico deve entremear habilmente três registros de comunicação: a linguagem comum, a elaboração artística, e a sistematização científica.

Além disso, a História lida não apenas com a fala de sua própria época, mas com as falas das diversas outras épocas, estas com as quais os historiadores devem trabalhar em função de suas fontes e objetos de estudo. Daí resulta que o discurso final dos historiadores deverá ser, a um só tempo, cientificamente *interdisciplinar*, artisticamente *literário* e experimentalmente *multivocal*[124].

---

123 Sobre a interessante temática dos jargões e das comunidades linguísticas específicas, cf. a coletânea organizada por Peter Burke e Roy Porter (1997), na qual se busca examinar nos seus diversos contextos sociais os dialetos e jargões criados e difundidos por diversos grupos sociais e profissionais, entre os quais os médicos, advogados e professores, mas também as sociedades secretas como a dos maçons, bem como grupos sociais marginalizados, tais como os dos ciganos e dos mendigos.

124 Desenvolvemos esta linha de reflexão, em maior nível de profundidade, no ensaio "A Escrita da História a partir de seis aforismos" publicado no livro *A expansão da História* (BARROS, 2013a, p. 39-82).

São visíveis aos desdobramentos da ideia de que a História, além de ser um saber científico, produz como objeto final um texto literário, e mesmo artístico. Este aspecto, que obriga que os historiadores percorram frequentemente a ponte interdisciplinar que se relaciona ao Discurso, situa a História em franco diálogo com diversas formas de expressão, sendo possível entrever não apenas o já mencionado diálogo interdisciplinar com a Literatura, mas também com o Cinema e, conforme veremos oportunamente, com uma certa musicalidade do discurso.

Por outro lado, o fato de que a História também introduz no seu discurso uma linguagem científica obriga os historiadores a percorrerem mais uma vez, na direção dos outros campos de saber, a ponte interdisciplinar que se relaciona à Teoria. Isto porque os historiadores se valem de uma bem diversificada linguagem conceitual, sem que necessariamente precisem inventar cada conceito do qual irão se utilizar. Com muita frequência, os historiadores já encontram bem-elaborados nas demais ciências diversos dos conceitos dos quais precisam se utilizar.

Pode se dar o caso de que o historiador precise criar um conceito próprio para nomear ou esboçar a compreensão de alguma realidade histórica muito específica, mas não são nem um pouco raras as inúmeras oportunidades que se apresentam aos historiadores para lançarem mão de conceitos que são já conhecidos e muito comuns nos vocabulários antropológico, geográfico, sociológico, político, jurídico, psicológico, econômico, literário, e mesmo em campos de saber ligados às ciências naturais e às chamadas ciências duras.

Para medir e abordar os diversos aspectos concernentes à população, o historiador (como também seu irmão, o geógrafo) habituou-se a falar em "densidade demográfica". Todavia, "densidade" é um conceito que veio da Física[125]. Para falar nas pertur-

---

125 Na Física, a *densidade* corresponde ao quociente entre a massa e o volume de um corpo. Na História, na Geografia, na Demografia, a *densidade* de-

bações que ameaçam colapsar um sistema social, um ambiente político ou um modelo econômico, impondo o radical encaminhamento de sua destruição ou renovação, foi pela primeira vez um historiador – o francês Ernst Labrousse (1895-1988), atuante na Escola dos *Annales* já desde os anos de 1930 e 1940[126] – quem tomou definitivamente emprestado, para novas finalidades, o conceito médico de "crise". A migração interdisciplinar de conceitos costuma produzir novas perspectivas e possibilidades de análise, e isso ocorre muito frequentemente no campo disciplinar da História. Poderiam ser dados muitos outros exemplos.

Sem maiores cerimônias, o historiador acostumou-se a adotar os conceitos de todos os demais saberes; mas também, quando quis, não se furtou ao prazer de inventar seus próprios conceitos e categorias de análise. Também capturou conceitos e expressões oriundos de antigas épocas através de suas "máquinas do tempo": as fontes históricas.

Por tudo isso, desde os primeiros anos de sua formação inicial os historiadores ficam muito habituados a operar interdisciplinarmente através do discurso. Esta ponte interdisciplinar, assim como duas outras igualmente importantes – a Teoria e o Método – têm sido constantemente percorrida pelos historiadores em seus diálogos com os demais saberes. Através do discurso, o historiador faz a sua circum-navegação no oceano dos saberes, e também atravessa os tempos, sentindo-se muito à vontade com a dualidade presente-passado. A postura crítica, é claro, é a bússola da qual não poderá abrir mão neste mar de possibilidades.

Podemos sintetizar, do que se viu neste item, os aspectos múltiplos que ajudam a configurar o caráter tendencialmente inter-

---

mográfica corresponde à relação entre a quantidade de população e o espaço por ela ocupado.

126 LABROUSSE, E. *A crise da Economia Francesa ao fim do Antigo Regime*, 1943.

disciplinar do discurso historiográfico. Com muitas aberturas, entradas e saídas, a linguagem do historiador pode ser muitas coisas a um só tempo. É *científica*, porque a história é uma ciência e se propõe a desenvolver suas análises argumentativamente e amparando-se em provas e materiais empíricos. Neste mesmo sentido, é também *conceitual*. Mas, no polo oposto, a linguagem do historiador é também *artística*, pois a história é um gênero literário que precisa ser agradável e interessante na sua exposição para este leitor igualmente múltiplo, que pode ser tanto o estudioso acadêmico como o homem comum. Por isso, a linguagem do historiador também inclui a forma de expressão habitual, cotidiana, *popular* no sentido de ser uma linguagem de todos.

O historiador, além disso, e como já vimos, lida tanto com estas várias linguagens de hoje como com a linguagem de ontem: a linguagem específica de suas fontes. Se quiser estudar a Antiga Grécia, irá incluir na sua fala conceitos dos gregos antigos, e falar da *polis* e dos metecos. Também irá trazer, aos olhos do leitor, textos diretamente escritos pelos próprios gregos antigos, colocados entre aspas e desdobrando-os sobre o seu próprio texto. Por fim, além de conter todas estas linguagens em um só discurso, o historiador acostumou-se a se sentir em casa em todas as demais ciências. Visita mais suas vizinhas, as demais ciências humanas e sociais, mas também as outras, as mais naturais e as mais duras.

Com tantas duplicidades e multiplicidades habitando o seu discurso, poderia a linguagem do historiador deixar de ser interdisciplinar, ou mesmo circundisciplinar?

23 História e Geografia: campos entrelaçados

Nestes próximos itens vamos abordar algumas das principais parcerias interdisciplinares da História, mais a título de exemplos do que para sistematizar estas relações, que na verdade seriam incontáveis. A primeira delas refere-se ao encontro transdisciplinar com a Geografia. Quero utilizar o relato sobre esta interdisciplinaridade para exemplificar a noção que atrás desenvolvi sobre as "pontes interdisciplinares". Já a reflexão e o relato sobre a interdisciplinaridade entre História e Sociologia será utilizada para evocar outro aspecto: a interação entre poder e saber que se pode imiscuir em uma relação interdisciplinar, ensejando as tensões que podem decorrer do confronto entre as disciplinas envolvidas, mesmo que ao contraponto da solidariedade interdisciplinar. Já a relação interdisciplinar entre História e Antropologia será o pretexto para abordarmos as expansões de método entre os historiadores. O plano, conforme se vê, é utilizar as relações interdisciplinares evocadas neste capítulo para discutir aspectos importantes que estão envolvidos na dinâmica da Interdisciplinaridade.

Abordemos, então, o encontro interdisciplinar entre História e Geografia. Se formos pensar bem, somente podemos falar aqui de permanentes reencontros, pois a História e a Geografia já nasceram juntas na Antiguidade, à maneira de gêmeas siamesas. Tal era o seu imbricamento, que é difícil dizer se alguém como Heródoto (485-420 a.C.) era historiador ou geógrafo; a mesma coisa poderíamos dizer de Ibn Khaldun (1332-1406), polímata islâmico do período medieval. História e Geografia, definitivamente, constituem campos entrelaçados. Se a História, a Antropologia e a Sociologia costumam configurar interdisciplinaridades cruzadas, já a interdisciplinaridade entre Geografia e História dificilmente poderia ser descrita sem a figura do entrelaçamento.

Posto isto, não será meu objetivo neste momento historiar esta relação de geminalidade que cedo uniu a História e a Geografia, nem tampouco examinar os seus encontros e reencontros[127]. Como disse antes, no plano exposto para este capítulo, quero

---

[127] Isso foi feito em um dos capítulos iniciais do livro *História, Espaço, Geografia* (BARROS, 2017, p. 13-22).

abordar esta relação como o exemplo inicial que permitirá discutir as trocas interdisciplinares, os diferentes caminhos que podem ser percorridos entre uma disciplina e outra como pontes interdisciplinares. Quero discutir, através da relação solidária entre História e Geografia, as possibilidades de transformação e enriquecimento mútuo que se apresentam quando duas disciplinas se colocam em uma relação produtiva uma com a outra.

Preciso registrar, de antemão, que já abordei em maior profundidade a relação interdisciplinar entre a História e a Geografia (e vice-versa), em um livro que considero uma consequência deste atual, embora eu o tenha publicado anteriormente. Intitulei-o *História, Espaço, Geografia* (2017), porque o espaço é o macroconceito que serve de ponte ou de elemento conector entre as duas disciplinas, de modo que os historiadores cedo perceberam que, através de uma maior atenção à espacialidade, poderiam recuperar a Geografia que está bem guardada no coração da História. Entrementes, eu também poderia ter chamado aquele mesmo livro de *Geografia, Tempo, História*, considerando que os geógrafos, a certa altura, descobriram que o macroconceito de tempo também poderia ajudá-los a retomar a historicidade que sempre esteve bem guardada no interior da Geografia.

A partir do século XX, inclusive, a teoria da relatividade, proposta pela primeira vez, em 1905, pelo físico alemão Albert Einstein (1879-1955), foi muito bem-sucedida em disponibilizar a um público muito amplo – ainda que nos mais diversificados níveis de compreensibilidade – o conceito revolucionário de "espaço-tempo"[128]. Espaço e Tempo, a partir dali, não precisavam mais ser considerados como aspectos em separado, mas podiam, sim, se-

---

128 Mais especificamente, a teoria da relatividade restrita, apresentada aos meios científicos em 1905, substitui os conceitos independentes de espaço e tempo pela concepção de espaço-tempo como uma entidade geométrica unificada. Dez anos depois, em 1915, Einstein publicou a teoria da relatividade geral, que acrescentou às suas formulações uma concepção geométrica da gravitação.

rem propostos como noções que se entremeavam uma na outra. Um pouco poeticamente, poderíamos evocar a repercussão desta concepção na Geografia e na História para dizer que, nos dias de hoje, a velha ponte conceitual do espaço e do tempo ergue-se ainda com mais naturalidade entre os dois saberes, de tal modo que já nem mais poderíamos percebê-la como bifurcada.

Como trabalhei nessa obra anterior e mais específica a relação interdisciplinar entre História e Geografia, e de modo bem exaustivo, este item consistirá apenas de alguns apontamentos mais ilustrativos sobre a relação interdisciplinar entre História e Geografia e sobre como elas se ligam através de algumas pontes interdisciplinares, com especial destaque para a assimilação de conceitos geográficos pelos historiadores. Através deste enfoque teremos uma oportunidade exemplar para falar um pouco da solidariedade interdisciplinar (pois depois veremos que também podem existir rivalidades interdisciplinares).

Se considerarmos esta relação a partir da perspectiva dos historiadores, a principal ponte interdisciplinar entre os dois saberes parece ser a da Teoria, dando-se, principalmente, através de um rico entremeado conceitual. Os historiadores, fiéis à sua prática tradicional de incorporar com conforto e naturalidade os conceitos dos saberes vizinhos, souberam tirar partido de um universo muito rico de conceitos geográficos. Boa parte destes conceitos também fazem parte do linguajar cotidiano, como é muito comum nas ciências humanas. Não vou discuti-los um a um, pois já fiz isso na obra de profundidade já mencionada. Por outro lado, vou evocá-los de uma só vez através de um grande esquema que também utilizei naquela mesma oportunidade (Quadro 3).

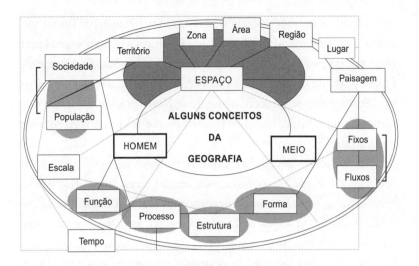

Quadro 3
Os principais conceitos da Geografia

A Geografia Humana – a mais festejada das duas geografias, embora não certamente a mais bem financiada[129] – apoia-se basicamente em uma tríade conceitual: o Espaço, o Meio, o Homem. Este é o seu acorde conceitual fundamental, por assim dizer, ou a sua vibração fundadora. Todos os demais conceitos geográficos, ou pelo menos a sua ampla maioria, derivam deles, ou de combinações entre eles[130]. Se quisermos pensar alternativamente na Geografia Física, podemos nos amparar na tríade "Espaço, Meio, Vida"[131], pois nesta segunda modalidade geográfica os seres hu-

---

129 A Geografia Humana alinha-se, como é de se esperar, às ciências humanas. Mas sua contraparte, a Geografia Física, pode escolher alinhar-se às chamadas "ciências da terra", com o que podem se beneficiar de investimentos mais volumosos advindos das instituições financiadoras de pesquisa.

130 Um grupo de exceções que pode ser lembrado é o dos conceitos metodológicos ou operacionais, como o de *escala* – um conceito, aliás, que também inspirou os historiadores na criação de uma nova modalidade historiográfica: a Micro-História. O conceito de "projeção", operacional na Cartografia, também poderia ser lembrado aqui.

131 Também podemos falar, para a Geografia Física, na tríade "Meio, Espaço, Natureza".

manos, ou as formas sociais desenvolvidas pelos seres humanos, deixam de ser centrais para o estudo e voltam a ocupar o seu lugar mais natural: os seres humanos, neste segundo viés, simplesmente fazem parte da diversificada camada de vida orgânica sobre a Terra. Reintegram-se conceitualmente à Natureza, de onde de fato nunca haviam saído, ou, mais propriamente, à Vida no seu sentido mais amplo[132].

Há conceitos geográficos que se referem especificamente às divisões do espaço – como os de região, área, zona, território. Este último, *território*, não corresponde mais, apenas, a uma divisão no espaço conforme critérios específicos, mas assume entre seus atributos um caráter mais marcadamente político, uma vez que se refere ao espaço ocupado ou controlado por algum tipo de poder. O território é também o espaço que se disputa ou pelo qual se luta. Trata-se de um conceito que também podemos encontrar na Biologia, particularmente quando nos deparamos com inúmeras espécies animais territorialistas. Um lobo, ou uma matilha de lobos, demarca sempre o seu território, assim como os leões, e tantos animais. A ação de um poder no espaço, e os seus limites, define o território.

No mundo humano, os territórios podem tanto ser controlados e disputados no âmbito microssocial (gangues de rua constituem seus territórios, e talvez os políticos pensem nos seus territórios eleitorais), como também podem ser pensados no âmbito planetário (os Estados definem-se, entre outros aspectos, pelos seus territórios nacionais).

Além dos conceitos geográficos que mais se desdobram diretamente da ideia de espaço, há outros que surgem da combinação entre o Espaço e o Meio, como é o caso do conceito de *paisagem* – o qual, aliás, nas ocasiões em que se referir aos ambientes urbanos e outros setores da realidade construída, também ter-

---

[132] Na tríade "Espaço, Meio, Homem", a Natureza, ou mais especificamente a Vida, ficam subsumidas ao Meio.

mina por remeter a aspectos relativos ao homem em sociedade. É também uma combinação de espaço, meio e presença humana o que justifica o conceito geográfico de *lugar*, associado fortemente à ideia de pertencimento.

Existem conceitos, por outra parte, que são mais especificamente relacionados à presença humana *per si*, como é o caso da noção fundamental de *população*. O mesmo pode ser dito com vistas à noção de sociedade, um conceito que, assim como o de população, também pode ser utilizado em campos de saber como a Zoologia ou a Ecologia para se referir a outras espécies animais que desenvolvem uma vida coletiva.

Todos estes conceitos, essencialmente geográficos, têm sido utilizados amplamente pelos historiadores, tornando-se também parte do seu repertório discursivo. Seus usos na Geografia ou na História podem atender a demandas e desafios específicos, mas também permitem a conexão destes dois saberes em torno de muitos problemas a serem examinados pelos pesquisadores.

O que importa neste momento é mostrar que os conceitos podem desempenhar um importante papel como elementos constituintes das pontes interdisciplinares, ou como conectores entre saberes. Os conceitos apresentam-se, enfim, como instrumentos de diálogo científico que favorecem a comunicação não apenas entre os praticantes de um mesmo campo disciplinar, mas também entre os pensadores ligados a distintas áreas de estudo[133].

Alguns conceitos também ajudam a produzir divisões no interior de um mesmo campo de saber (espaços intradisciplinares, na terminologia que estamos empregando). O diálogo entre a História e a Geografia, por exemplo, permitiu que o conceito de região

---

133 Como defini em outra obra (BARROS, 2016, p. 36), os conceitos são ao mesmo tempo "unidades de comunicação" e "unidades de pensamento", mostrando-se imprescindíveis para a construção do conhecimento científico. O uso de certos conceitos pode ser comum a muitas disciplinas, o que favorece a compreensão ou tradução de uma linguagem disciplinar em outra.

desse origem a uma modalidade historiográfica que teve amplo destaque a partir dos anos de 1950: a História Regional. Paralelamente, os geógrafos, a partir de certos desenvolvimentos de suas análises, também passaram a atribuir um papel de grande destaque ao conceito de *lugar*[134]. Podemos dizer que os historiadores também aproveitaram bem isto, pois outra modalidade muito em voga nos dias de hoje, e muito próxima à da História Regional, é a História Local[135].

O diálogo interdisciplinar com a Geografia foi particularmente profícuo para a História, favorecendo em especial a multiplicação de seus espaços intradisciplinares. Assim, além das já mencionadas História Regional e História Local, o intercâmbio entre Geografia e História estimulou o desenvolvimento de outra modalidade historiográfica que teve grande sucesso a partir de meados dos anos de 1940: a Geo-História. Deve-se a Fernand Braudel (1900-1985) a obra fundadora e mais importante deste campo histórico: *O Mediterrâneo e o Mundo Mediterânico na Época de Felipe II (1949)* – obra que, a partir daqui, chamaremos simplesmente de *O Mediterrâneo*.

Na verdade, a grande contribuição deste livro de Fernand Braudel para a constituição de uma então emergente Geo-História – um campo intradisciplinar da História que era quase uma nova interdisciplina – concentra-se mais no primeiro dos três volumes desta obra extensa e magistral. Ficaram famosas as descrições geográficas de Braudel sobre os vários ambientes mediterrânicos. Ele retrata com especial ciência e arte as mon-

---

134 É a partir dos anos de 1960 que começa a aparecer o interesse dos geógrafos em definir, com maior clareza e riqueza de elementos, o conceito de lugar, distinguindo-o da mera localidade (BARROS, 2017, p. 170). Entre outros, cf. TUAN, 1979, p. 387.

135 É muito sutil a possibilidade de distinguir História Regional e História Local. Em países de dimensões continentais, como o Brasil, pode-se reservar a noção de História Regional para espaços maiores, e a de História Local para lugares menores. Mas em certos países europeus, menores do que alguns estados brasileiros, esta distinção nem mesmo existe. Cf. BARROS, 2017, p. 167-173.

tanhas, vales, desertos, pequenas e grandes ilhas, o grande mar e seus mares interiores – nada, de fato, escapa à atenta palheta do historiador-geógrafo. Ficou igualmente famosa a exploração braudeliana de um ritmo temporal dilatado nesta primeira parte de *O Mediterrâneo*, configurando o que passaria a ser chamado de "longa duração".

Para a historiografia, aliás, a contribuição mais notável desta obra de Braudel foi a aplicação do princípio de que o tempo dos historiadores não é homogêneo e linear, como se carregasse de roldão todos os processos e acontecimentos em um único bloco histórico. Devemos compreender o tempo histórico braudeliano a partir de diferentes ritmos, conforme os fenômenos e processos analisados. Há aspectos históricos de longa duração, que mudam muito lentamente, tal como as próprias relações do homem com o espaço e com o meio, ou ainda como as lentas mudanças que se passam no plano das mentalidades e de estruturas mentais coletivas que custam a se transformar[136]. Há outros fenômenos e processos históricos, menos lentos, que podemos compreender como correspondendo à "média duração", tal como a ocorrência de certos ciclos econômicos. Há, por fim, o ritmo rápido e entrecortado da "curta duração", do qual o exemplo mais habitual é o mundo político tradicional.

Para a reflexão que estamos desenvolvendo neste momento, o mais importante é dar a perceber que uma obra como esta não seria possível sem a interdisciplinaridade entre a História e a Geografia. Braudel, inspirado nos geógrafos, e ele mesmo tendo se tornado um historiador-geógrafo, atentou desde cedo para a necessidade de lidar mais sistematicamente com a relação entre

---

136 Apenas para dar um exemplo, é um fenômeno de longa duração relativo ao plano das mentalidades, mas também associados a diversos tipos de poderes, a persistência da dominação masculina em sociedades que se estendem da Antiguidade aos nossos dias. Com relação a este aspecto, tudo parece mudar muito lentamente.

o Homem, o Espaço e o Meio, de modo a conformar o tempo em relação a esta tríade conceitual.

Os geógrafos também se empenharam, de sua parte, em percorrer a ponte interdisciplinar que os liga à História. Passaram a atentar de modo especial para o tempo – conceito básico para os historiadores – desde os primeiros trabalhos de Vidal de La Blache (1845-1918), um geógrafo francês atuante em fins do século XIX e nas primeiras décadas do século XX que iria se tornar, ele mesmo, uma significativa inspiração para os primeiros historiadores da Escola dos *Annales*.

De La Blache a pesquisadores de fins do século XX, como Milton Santos (1926-2001), os geógrafos tornaram-se especialistas em ler o tempo através do espaço. De certo modo, a ampla variedade de métodos historiográficos de leitura das evidências tornou-se uma inspiração interdisciplinar para eles, pois, tal como já faziam os historiadores, passaram a lidar com uma grande variedade de fontes, e a desenvolver habilidades e competências necessárias para lidar com esta diversidade. O olhar experimentado do geógrafo, habituado a examinar paisagens e a perceber as camadas de tempo consolidadas no espaço e materializadas no meio, podia ser complementado pela análise dos mais diversos tipos de fontes e documentos.

É possível dizer, talvez, que os historiadores dialogaram com a Geografia principalmente através da ponte interdisciplinar da Teoria (particularmente através dos vários conceitos geográficos que enriqueceram o vocabulário historiográfico e proporcionaram novas perspectivas), e que os geógrafos dialogaram com a História através da ponte interdisciplinar do Método. Os dois campos de saber, de certo modo, desenvolveram uma relação bem complementar.

24 História e Sociologia: das tensões às parcerias

Vou aproveitar este item para abordar uma associação interdisciplinar específica – aquela que se estabelece entre a História e a Sociologia – de modo a considerar inicialmente alguns aspectos da história desta relação e, mais particularmente, os seus contextos de confronto. Isto nos dará oportunidade de chamar atenção para as eventuais relações entre poder e saber que, não raro, intrometem-se no diálogo entre as disciplinas científicas.

Se os diálogos da História com a Geografia tenderam a uma certa complementaridade, a mesma que se torna possível com a interação entre Tempo e Espaço na compreensão relativística destes dois conceitos, já um olhar historiográfico sobre os diálogos da História com a Sociologia permitem surpreender uma interação ao mesmo tempo rica e eivada de tensões. Tal se dá porque, das disciplinas sociais emergentes, a Sociologia era na primeira metade do século XX a que se encontrava mais apta a desempenhar alguma liderança em relação às demais Ciências Humanas e Sociais.

Esta passagem da história das ciências humanas é particularmente útil para ilustrar uma possibilidade sobre a qual discorremos na primeira parte deste livro, no capítulo em que falávamos sobre a formação e reatualização de cada uma das diversas disciplinas no universo dos saberes já existentes. Frequentemente, no mundo em que vivemos, as disciplinas disputam territórios, competem por lideranças no quadro dos saberes institucionais, lutam por sinais de prestígio e oportunidades acadêmicas e editoriais. Não é só de solidariedades científicas que vivem as relações entre as disciplinas. A interdisciplinaridade, por isso mesmo, precisa às vezes conviver com uma espécie de contradisciplinaridade, ou com uma política de confronto que deve ser considerada para alguns momentos de sua história.

Poderíamos considerar como universo de observação a Alemanha, Inglaterra, Itália, Espanha, Portugal, ou qualquer outro país europeu, e também as Américas, e ainda o caso brasileiro em especial. Fora do chamado Ocidente, poderíamos buscar exemplos no Japão, na China, nos países africanos, e certamente encontraríamos muitos exemplos para o estudo da incidência da dualidade saber-poder nos meios acadêmicos e científicos. Seria possível escolher também períodos diversos, pois do século XIX aos primórdios do século XXI – se quisermos considerar como ponto de partida o período de formação das modernas ciências humanas e de consolidação da historiografia científica – não faltam períodos muito ricos em confrontos disciplinares. Decidimos escolher a França da primeira metade do século XX como campo de observação, pois ali aflorou e se consolidou um movimento historiográfico que teria uma grande influência na história da historiografia: a chamada Escola dos *Annales*. Muitos preferem chamá-la de "movimento dos *Annales*", ou de "grupo dos *Annales*", mas isso já suscitaria uma grande discussão paralela que preferimos não aprofundar aqui[137].

Nossa escolha nos coloca em um complexo universo de campos de saber e de instituições científicas habitadas pelos mais diversos diálogos e confrontos interdisciplinares. De fato, desde o início do século XX, particularmente no universo institucional francês, já se via uma disputa, eivada de alguma tensão, entre a Sociologia e a História. Não é por acaso que esta disputa por espaços e oportunidades científicas tenha sido tão bem expressa, inicialmente, pelas implacáveis críticas da escola sociológica durkheimiana contra uma "história factual" que pretensamente estaria sendo realizada, na França, pelos chamados "historiadores metódicos".

---

[137] A possibilidade de considerar os *Annales* efetivamente como uma escola foi discutida no quinto volume da série Teoria da História, intitulado *A Escola dos Annales e a Nova História* (BARROS, 2012, p. 13-39). Ali, partimos de uma discussão sobre o próprio conceito de "escola", nos diversos campos de saber, e também na historiografia.

A história factual, como se sabe, é aquela na qual o historiador se contenta em ficar no nível da exposição dos fatos (se é que é possível narrar simplesmente os fatos, sem nenhuma teoria implícita, como tantas vezes já foi discutido). Há uma imagem muito difundida do historiador factual como aquele que apenas enuncia fatos e dados, cronologicamente, que não cria problematizações e nem desenvolve interpretações sobre a história. Ou seja, o historiador factual trata os fatos como o fim em si mesmo, e não como os materiais a partir dos quais o historiador deve produzir o principal fruto do seu trabalho: as suas interpretações sobre a história.

Rigorosamente falando – e hoje já há muitas releituras relativizadoras a este respeito – nem todos os historiadores da Escola Metódica eram assim tão exclusivamente factuais, como os sociólogos durkheimianos e os posteriores historiadores dos *Annales* passaram a defini-los. E, mesmo nos casos em que alguns destes historiadores eram de fato excessivamente factuais, suas práticas já não correspondiam mais às mais significativas realizações historiográficas dos novos tempos. Não eram, de modo algum, representativas da historiografia como um todo.

Esse ponto é particularmente importante, porque os sociólogos da escola durkheimiana – que na época editavam a mais importante revista científica de sua área em seu país[138] – costumavam generalizar o factualismo de alguns dos metódicos para toda a historiografia. Insinuavam que isso era evidência de que, enquanto fazia parte da formação dos sociólogos o desenvolvimento de uma grande capacidade de pensar a sociedade (incluindo as sociedades de épocas anteriores), já os historiadores eram treinados essencialmente para coletar os fatos. Poderiam, nessa perspectiva (era o que desejavam os durkheimianos), exercer um bom trabalho auxiliar para a Sociologia, que era de onde deveria

---

138 *L'Année Sociologique*, uma revista fundada por Émille Durkheim (1858-1917), que era então o maior nome da sociologia francesa.

partir o verdadeiro trabalho de pensar a sociedade. Um confronto entre duas disciplinas – ou, mais propriamente, entre aqueles que ocupavam posições importantes nas suas redes humanas, parecia se desenhar aqui.

Totalmente factuais ou não, o fato é que a Escola Metódica francesa estava muito bem consolidada institucionalmente. Os historiadores metódicos ocupavam posições bastante importantes na Sorbonne, a mais prestigiada e tradicional universidade francesa. Tinham influência decisiva nos meios editoriais, com oportunidades de definir que pesquisas historiográficas seriam publicadas e, ato contínuo, quais dos historiadores franceses ficariam mais conhecidos pelo público leitor. Sua própria revista historiográfica – a *Revue Historique* – era a mais conhecida e circulante nos meios acadêmicos[139]. Alguns dos historiadores metódicos, ademais, eram convidados para escrever os manuais de história para o Ensino Escolar francês. Dois deles[140] também haviam elaborado o mais lido dos manuais para pesquisadores profissionais de história na França. Os historiadores metódicos estavam, por fim, à testa de grandes museus e instituições.

Enquanto isso, os sociólogos também começavam a conhecer um grande destaque no ambiente intelectual francês. François Dosse (n. 1950) – um dos mais argutos dos historiadores das tensões interdisciplinares francesas – procura mostrar, em seu ensaio *A História em Migalhas* (1987), que alguns fatores são sintomas bem significativos da ascensão da Sociologia a uma posição privilegiada no campo dos saberes sociais e humanos, dos tempos durkheimianos aos meados do século XX. Em 1946, a Sociologia conseguiria adentrar a Universidade, conquistando o seu almejado espaço acadêmico. A criação da Associação

---

139 A *Revue Historique* havia sido fundada em 1876 por Gabriel Monod (1844-1912).

140 Langlois e Seignobos escreveram em 1896 o bem divulgado livro *Introdução ao conhecimento histórico*, que mais tarde seria muito criticado por Marc Bloch e Lucien Febvre.

Internacional de Sociologia, em 1949, mostra que os sociólogos haviam adquirido uma considerável coesão nos seus aspectos associativos. De igual maneira, as demandas governamentais por planejamentos sociais – surgidas no emblemático contexto da crise econômica dos anos de 1930 e da crise política que teria seus ápices nas duas Guerras Mundiais – levara as novas instituições de planejamento econômico a requisitarem cada vez mais os serviços de sociólogos, o que contribuíra para consolidar este novo âmbito profissional. O sucesso da Sociologia, dentre todas as ciências humanas e sociais, confrontava-se com o antigo prestígio da historiografia como um todo, já assentado em mais de um século de existência desde a emergência historiografia científica.

Vamos agora nos ater aos anos de 1930, quando se estabelece a primeira fase da Escola dos *Annales* – uma corrente alternativa que tinha o seu projeto particular com vistas à afirmação de um novo padrão historiográfico. Marc Bloch (1886-1944) e Lucien Febvre (1878-1956) – dois historiadores que se conheceram quando lecionavam na Universidade de Estrasburgo, fora do principal circuito acadêmico francês – perceberam os movimentos tendenciais da Sociologia contra a posição de reconhecida liderança da História no seio das ciências das sociedades. Habilmente, transformaram estas pressões em uma nova oportunidade, delas se valendo para combater – do interior de seu próprio campo de saber – uma historiografia tradicional que, na época, detinha as principais posições institucionais francesas a partir dos historiadores da já referida Escola Metódica. Com um só movimento de xadrez no acirrado jogo dos saberes-poderes acadêmicos, Marc Bloch e Lucien Febvre entreviram a possibilidade de articular, no âmbito interdisciplinar, uma luta contra o projeto de domínio sociológico dos durkheimianos, ao mesmo tempo em que encetavam uma luta intradisciplinar contra certos setores historiográficos que queriam combater.

Os novos historiadores ligados aos *Annales* desejavam, de fato, conquistar um espaço dentro do próprio campo da historiografia, e ao mesmo tempo fazer frente às investidas que vinham da Sociologia. Bloch e Febvre foram hábeis em perceber que as críticas dos sociólogos durkheimianos contra os historiadores metódicos tinham de fato fundamento, e passaram a incorporar estas críticas a seu próprio favor. Eles perceberam, por exemplo, que era preciso renovar o conceito linear de tempo que vinha sendo encaminhado por aquela parte da historiografia tradicional que se mostrava tão excessivamente presa à narração de eventos. Além disso, empenharam-se em opor uma nova história-problema contra a história factual que estaria pretensamente representada (até com certo exagero) pelos historiadores metódicos[141].

São bem conhecidos os irônicos e cáusticos manifestos, resenhas e textos críticos de Lucien Febvre contra a historiografia factual, no que seria seguido mais tarde pelo líder da segunda geração dos *Annales*: Fernand Braudel[142].

De igual maneira, também a bandeira da interdisciplinaridade – propalando a assimilação à historiografia de uma série de novidades trazidas pelas ciências humanas e sociais – mostrou-se como uma estratégia exemplar (mas também como uma demanda sincera e imprescindível), notando-se que seria particularmente através de diversas assimilações interdisciplinares que os novos historiadores lograriam reformular a sua noção de tempo histórico.

Marc Bloch e Lucien Febvre – eles mesmos hábeis experimentadores do tempo[143] – preparam o caminho para que Fer-

---

141 Sobre isto, cf. REIS, 2000.

142 Muitos dos textos críticos de Lucien Febvre foram mais tarde incorporados a uma coletânea que tem um título bem sintomático: *Combates pela História* (1953).

143 Marc Bloch, p. ex., é um dos pioneiros da História Comparada, campo intradisciplinar da História que surge no primeiro pós-Guerra com a proposta de

nand Braudel, na já discutida obra sobre *O Mediterrâneo na época de Philippe II* (1949), eleve à sua forma mais sofisticada a proposição do tempo estrutural da longa duração e a concepção de uma arquitetura de durações baseadas em diferentes ritmos de tempos históricos. Tratava-se, contudo, de uma hábil elaboração que iria superar as igualmente interessantes perspectivas sociológicas e antropológicas sobre o tempo. Assim, se a Antropologia Estrutural acenava com a possibilidade de estudar as permanências nas diversas sociedades históricas, já a historiografia proposta por Fernand Braudel iria tanto procurar encampar esta concepção estrutural que enfatizava as permanências, como também encontraria para os eventos históricos um novo lugar historiográfico, pois aqueles deviam aparecer agora inseridos em estruturas que os explicavam e problematizavam, mas nem por isso deixavam de ser acontecimentos e processos históricos, sujeitos a algum nível de mudança.

A "longa duração" proposta por Fernand Braudel – e discutida em seu célebre artigo de 1958 – não deveria ser compreendida como uma estrutura imóvel, mas sim como um modo de entrever uma realidade histórica que se transformava lentamente. Desde que devidamente inseridos nas estruturas construídas pelos historiadores, os eventos encontravam agora um novo sentido. Ao mesmo tempo, o modelo braudeliano permitia que se pensasse em uma articulação de durações (uma "arquitetura de temporalidades", ou uma "polifonia de durações", conforme uma possível releitura musical desta imagem[144]). Este modelo questiona a ideia a-histórica de uma estrutura única e imutável que pretende banir o evento do campo sociológico ou antropológico de considerações.

---

trabalhar com a comparação de diferentes recortes de espaço, e mesmo de tempo. Cf. BLOCH, 1928 e 1930.

144 Cf. as reflexões que desenvolvi no livro *O Tempo dos Historiadores* e mais particularmente a proposta de uma leitura musical da perspectiva braudeliana da dialética das durações (BARROS, 2013b, p. 109-116).

Esse modelo dialético das durações – habilmente desenvolvido por Braudel na mesma época em que o antropólogo belga Claude Lévi-Strauss vinha chamando atenção com pesquisas sobre os mitos indígenas que quase pareciam excluir a temporalidade de suas análises – reforçou muito o sucesso que os *Annales* de Marc Bloch e Lucien Febvre tinham conseguido nas décadas anteriores ao propor novos modos de tratar o tempo e novas possibilidades de estabelecer relações interdisciplinares.

Sobretudo a partir do pós-Guerra vitorioso sobre o Nazismo, os *Annales* tinham conquistado o seu espaço institucional no seio da historiografia, e conseguido reafirmar a liderança interdisciplinar da História no universo acadêmico francês. Nomes como o de Lucien Febvre ou o de Fernand Braudel, sucessivamente, passaram a estar à testa de sessões importantes na Escola de Altos Estudos ou de instituições prestigiosas como o Museu do Homem, além de redefinir as possibilidades editoriais e midiáticas junto ao público francês. A terceira geração de historiadores franceses que prosseguiram com a herança dos *Annales* a partir de 1968 – agora sob a liderança de Jacques Le Goff (1924-2014), Pierre Nora (n. 1931) e outros de sua geração – levaria adiante o exercício das mesmas oportunidades de poder.

Este amplo sucesso institucional dos *Annales*, que terminaram por conseguir ocupar posições na historiografia francesa que antes eram controladas pelos historiadores metódicos – e que, concomitantemente, haviam conseguido conter as expansões que a Sociologia pretendia realizar às custas da liderança da historiografia francesa – tanto mostra que as estratégias dos *Annales* foram bem-sucedidas no espaço institucional europeu como revela que a dinâmica efetiva das relações interdisciplinares também convive, menos ou mais intensamente, com as disputas de poder que se dão entre as redes humanas. A Interdisciplinaridade havia funcionado, neste caso, como uma eficaz arma de combate.

Embora não tenha sido o objetivo deste item explorar em maior detalhe as pontes interdisciplinares que se erguem entre História e Sociologia, tal como fizemos para o caso das relações entre Geografia e História, podemos dizer que as assimilações historiográficas das contribuições sociológicas têm se dado principalmente através da ponte interdisciplinar da Teoria. Sociólogos como Pierre Bourdieu (1930-2002) ou como o médico-sociólogo Norbert Elias (1897-1990) são nomes muito festejados entre os historiadores de hoje e de ontem, em especial no que se refere à inspiração conceitual por eles proporcionada para o estudo do período moderno e do tempo presente.

No início do século XX, Marc Bloch (1886-1944) também havia se inspirado muito em certos conceitos fornecidos pela sociologia durkheimiana, como o de "coesão social", e outros que são operacionalizados na sua já clássica obra *A sociedade feudal* (1939). Já naquela época, mas também ainda hoje, Max Weber (1864-1920) ofereceu outra influência muito presente na historiografia, tanto através de conceitos diversos como através da célebre metodologia dos tipos ideais.

Max Weber, aliás, oferece-nos um caso especial de trânsito entre dois campos disciplinares; ou, talvez, mostra-nos uma situação mais explícita de dupla disciplinaridade (na verdade, de *múltipla* disciplinaridade). Hoje em dia Weber é plenamente reivindicado pelos sociólogos como um dos seus representantes mais ilustres. Costuma-se reconhecer que, neste caso, ele teria praticado uma "sociologia histórica" – em atenção à enorme atenção à historicidade presente nas obras de Max Weber, à sua escolha de temas sempre bem localizados e contextualizados, e por vezes a sua disposição para enfrentar o estudo de grandes temas através da passagem do tempo em recortes estendidos, como é o caso de seus estudos sobre as transformações da cidade na passagem entre as distintas épocas históricas[145]. Contudo, Max Weber somente teria se definido identitariamente como um sociólogo a partir de certo momento, e relativamente tardio, de sua trajetória intelectual.

Em certa passagem de *A objetividade do conhecimento nas Ciências Sociais*, publicado em 1904, Max Weber chega a indicar que, de alguma maneira, ele mesmo se vê como pertencente à "escola histórica alemã" (a corrente historicista):

> Se deduzirmos as consequências do que foi dito chegaremos a um ponto em que as nossas opiniões talvez se diferenciem, num ou noutro aspecto, das opiniões de muitos representantes eminentes *da escola histórica à qual também pertencemos* [grifo nosso] (WEBER, 2008, p. 121).

A inserção do sociólogo-historiador Max Weber na comunidade historiadora – de maneira direta ou enviesada conforme se conduza a análise de sua produção intelectual para um ponto ou outro – dá-se através da sua adesão preponderante à base historicista, embora ele tenha procurado realizar uma espécie de conciliação entre as abordagens interpretativa e explicativa das ciências humanas – uma dicotomia que já há muito dividia, respectivamente, historicistas e positivistas. Diga-se de passagem, no âmbito das escolhas historicistas, Max Weber sempre aderiu ao ramo mais notadamente relativista, e demarcou bem o seu distanciamento em relação àquele ramo realista do historicismo que pode ser referido ao modelo rankeano[146]. No que concerne a outra célebre querela que já vinha se desenhando nos ambientes acadêmicos alemães de sua época, contrapondo historiadores políticos a historiadores culturais, Weber veio a se posicionar decisivamente no segundo grupo[147].

---

145 Estudos decorrentes de pesquisas realizadas entre 1911 e 1913, mas publicados postumamente em 1921 e 1924.

146 Cf. BARROS, 2011c, p. 131-132.

147 "E, consequentemente, poder-se-ia reivindicar para o historiador da nossa disciplina o mesmo direito concedido ao historiador político" (WEBER, 2008, p. 122).

Para superar as ambiguidades com as quais nos deparamos nas tentativas de uma classificação disciplinar de Max Weber, podemos simplesmente reconhecer que ele era de fato um intelectual humanista e interdisciplinar: sociólogo, historiador, economista, jurista, ético, cientista político e cientista das religiões – se considerarmos a imensa variedade de temáticas e interesses presentes no conjunto de sua obra – mas também um profundo conhecedor de música, como comprova o seu ensaio *Fundamentos Racionais e Sociológicos da Música* (1911)[148]. O exemplo de Max Weber, enfim, soma-se aos que já mencionamos acerca dos intelectuais interdisciplinares que abundam na história do conhecimento.

Para retornar ao tema central deste item, e já o desfechando com vistas a anunciar a próxima interdisciplinaridade a ser discutida, pode-se dizer que, dos seus diálogos interdisciplinares com a Sociologia, os historiadores conseguiram assimilar, principalmente, uma contribuição teórica vasta e conceitual importante. Da Antropologia, conforme veremos no próximo item, pode-se dizer que a História também aproveita particularmente uma inspiração metodológica muito forte.

25 História e Antropologia: a busca do método

O principal elemento de conexão entre a História e a Antropologia é o conceito de "cultura" – noção central e fundamental deste último campo de saber. Trazida para a História, a centralidade do conceito de cultura favoreceu a formação de um campo intradisciplinar que logo passaria a se denominar História Cultural. Os historiadores culturais, com suas realizações voltadas para novos objetos temáticos relacionados à cultura, começam

---

148 Sabe-se, além disto, que Weber era pianista.

a aparecer mais esporadicamente no século XIX[149], com maior frequência nas seis primeiras décadas do século XX, até que, finalmente, a partir dos anos de 1960, a História Cultural torna-se um dos campos de maior destaque na historiografia.

Para entendermos o papel central do conceito de cultura, tanto na Antropologia como na História Cultural, devemos ter consciência da extraordinária expansão conceitual que o beneficiou. Cultura, em um de seus antigos usos, era muito utilizada para se referir à cultura letrada e ao refinamento trazido por conhecimentos formais[150]. A contribuição dos antropólogos foi precisamente a de expandir o conceito para uma gama muito ampla de aspectos e realizações humanas, relacionando-o a "quaisquer capacidades e hábitos adquiridos pelo ser humano como membro de uma sociedade"[151].

O conceito, diga-se de passagem, tinha um sentido bem distinto e muito específico no vocabulário latino da Antiguidade, referindo-se ao "cultivo da terra" (sentido que ainda existe hoje no vocabulário agrícola). Compreende-se que a noção tenha passado à ideia de "refinamento obtido pelo conhecimento formal" um pouco mais tarde, através do caminho metafórico. Cícero

---

149 O suíço Jacob Burckhardt (1818-1897), e o alemão Karl Lamprecht (1856-1915) são dois bons exemplos de historiadores do século XIX que se confrontaram à tradicional História Política predominante em sua época. Lamprecht, por sua prática e interesses interdisciplinares ainda pouco comuns nos meios acadêmicos alemães do período, atraiu mesmo certas hostilidades contra si. Esteve no centro da querela que, em fins do século XIX, dividiu historiadores culturais e historiadores políticos (sendo estes últimos os representantes da tendência amplamente predominante).

150 Com este sentido de cultura formal, a palavra é muito empregada ainda hoje na vida cotidiana, mas não mais na Antropologia e na História.

151 A primeira definição de cultura, já com o sentido antropológico ampliado, foi registrada por Charles Tyler em 1871. Para ele, cultura tomada em seu mais amplo sentido etnográfico já seria "aquele todo complexo que inclui conhecimento, arte, moral, lei, costume e quaisquer outras capacidades e hábitos adquiridos pelo homem na condição de membro da sociedade" (TYLER, 2005, p. 69). Cf. LARAIA, 1986, p. 25.

(106-34 a.C.), por exemplo, já registrara em seus discursos a ideia de que, "como a terra, a alma precisava ser cultivada"[152].

Para a questão que nos interessa neste momento – a saber, as especificidades do diálogo interdisciplinar entre História e Antropologia – o importante é considerar que os historiadores adotaram plenamente a expansão conceitual encaminhada pelos antropólogos. Por isso, além de um maior refinamento conceitual relacionado ao conceito de cultura, a História também pode creditar ao seu diálogo com a Antropologia uma ampliação temática dos temas de eleição dos historiadores culturais. Afinal, a antiga noção restrita de "cultura", geralmente visando as grandes obras de arte e literatura, ainda confinava os poucos historiadores culturais do século XIX a um universo de interesses que excluía as manifestações de todos os tipos que aparecem através da cultura popular, além de também levá-los a desconsiderar que quaisquer objetos materiais produzidos pelos seres humanos também fazem parte da cultura – ou da cultura material, mais propriamente. Mais ainda, negligenciava-se o fato de que toda a vida cotidiana está inquestionavelmente mergulhada no mundo da cultura. Desconsiderava-se que, ao existir, qualquer indivíduo já está automaticamente produzindo cultura, sem que para isto seja preciso se tornar mais tarde um artista, um intelectual, ou um artesão. "Comunicar", por exemplo, é produzir cultura. De saída, isto já introduz a duplicidade reconhecida entre cultura oral e cultura escrita, sem falar que o ser humano ainda se comunica através dos gestos, do corpo e da sua maneira de estar no mundo social, isto é, do seu "modo de vida".

Vou utilizar um exemplo que evoquei em um texto anterior sobre a História Cultural, pois ele se presta particularmente bem para uma compreensão sobre a diversidade de aspectos culturais que podem ser surpreendidos em um único objeto[153]. Tomemos

---

152 CICERO. *Tusculanes*, II, II, 13.

153 Cf. BARROS, 2004, p. 80-81.

um "livro", este objeto cultural assim reconhecido por todos os que até hoje se debruçaram sobre os problemas culturais. Ao escrever um livro, o seu autor está incorporando o papel de um produtor cultural (a função de um intelectual, no sentido restrito da palavra). Isto todos reconhecem. O que foi acrescentado pela perspectiva antropológica e pelas mais modernas teorias da comunicação é que, ao ler esse livro, um leitor comum também está produzindo cultura. A leitura, enfim, é prática criadora – tão importante, ela mesma, quanto o gesto da escritura do livro.

Pode-se dizer, ainda, que cada leitor recria o texto original de uma nova maneira – isto de acordo com os seus âmbitos de "competência textual" e com suas especificidades. O leitor irá se valer, inclusive, da sua própria capacidade de comparar o texto com outros que leu, e que podem não ter sido previstos ou sequer conhecidos pelo autor do texto original que está se prestando à leitura. Desta forma, uma prática cultural não é constituída apenas no momento da produção de um texto ou de qualquer outro objeto cultural, ela também se constitui no momento da recepção.

O objeto-livro, como se pode ver, envolve um complexo muito grande de aspectos culturais – e não somente aqueles que se referem ao aspecto letrado da cultura. De fato, as práticas culturais que aparecem na construção do livro são tanto de ordem *autoral* (modos de escrever, de pensar ou expor o que será escrito), como *editoriais* (reunir o que foi escrito para constituí-lo em livro, formatá-lo), ou ainda *artesanais* (a construção do livro em sua materialidade).

Da mesma maneira, quando um autor se põe a escrever um livro, ele se conforma a determinadas representações do que deve ser um livro, a certas representações concernentes ao gênero literário no qual se inscreverá a sua obra, a representações concernentes aos temas por ela desenvolvidos. O autor do texto se envolve, queira ou não, em um sistema de comunicação que, tal como vimos, também faz parte do mundo da cultura. Este autor também poderá se tornar criador de novas representações, que encontrarão no devido tempo uma ressonância maior ou menor no circuito leitor ou na sociedade mais ampla.

Com relação a este último aspecto, já vimos mais atrás que a leitura de um livro também gera práticas criadoras, o que implica produzir concomitantemente práticas sociais. Será o livro lido em leitura silenciosa, em recinto privado, em uma biblioteca, em praça pública? Sabemos que sua leitura poderá ser individual ou coletiva – um letrado, por exemplo, pode ler o livro para uma multidão de não letrados – e que o seu conteúdo poderá ser imposto ou rediscutido. Por fim, a partir da leitura e difusão do conteúdo do livro, poderão ser geradas inúmeras representações sobre os temas que o atravessam, que em alguns casos poderão passar a fazer parte das representações coletivas.

Com este exemplo simples quero mostrar que a expansão do conceito de cultura entre os historiadores – tributária do seu intenso diálogo interdisciplinar com a Antropologia – permite encaminharmos o estudo de um simples livro não mais somente ao aspecto da cultura letrada nele envolvida, mas também a aspectos como a cultura material, cultura oral, cultura popular, imaginário social, padrões de comunicação, formas de comportamento, vida cotidiana, entre muitos outros aspectos.

Fora o conceito ampliado de cultura – central tanto para a Antropologia como para a História Cultural – inúmeros outros conceitos contribuem para a conexão entre os dois saberes. As noções de Identidade e Alteridade – referidas ao gesto de perceber a si mesmo e ao "outro" de uma certa maneira – poderiam ser igualmente evocadas. Como os antropólogos, os historiadores também estudam os padrões de identidade e a dinâmica da alteridade. O conjunto de conceitos que permeiam as fronteiras entre os dois saberes estende-se para muito além. Neste momento, contudo, quero examinar outra ponte interdisciplinar que pode interligar entre História e Antropologia.

*

Se a Teoria – através de conceitos como cultura, identidade, alteridade, e muitos outros – constituiu uma significativa ponte interdisciplinar entre História e Antropologia, não devemos esquecer outra ponte interdisciplinar importante que pode ligar os dois saberes: o Método. De fato, os historiadores puderam se beneficiar do diálogo com os antropólogos para a incorporação de certas atitudes metodológicas no tratamento de fontes específicas que já discutiremos.

Para abordar esse aspecto escolhemos avançar para as últimas décadas do século XX, de modo a nos concentrarmos em dois outros campos de experiências historiográficas: a Micro--História, tal como praticada pela escola italiana, e os desenvolvimentos relacionados à última fase do movimento dos *Annales* (a *Nouvelle Histoire*).

Começo por evocar uma famosa obra de Emmanuel Le Roy Ladurie (n. 1929) – historiador francês ligado à terceira geração movimento dos *Annales*[154]. Em *Montaillou* (1975)[155], a sociedade examinada é uma pequena aldeia occitânica do século XIV, caracterizada pela forte presença de uma heresia que praticamente havia sido exterminada nos séculos anteriores pela Inquisição e

---

154 Le Roy Ladurie pode ser apontado como um dos historiadores franceses que, coerentes com a herança interdisciplinar dos *Annales*, sempre estiveram atentos à possibilidade de assimilar outros saberes à prática historiográfica. Além da perspectiva antropológica incorporada a obras como *Montaillou* (1975), escreveu em 1967 uma *História do clima* – tema ao qual retorna mais tarde com a *História humana e comparada do clima* (2004). Nessas obras Ladurie incorpora à sua perspectiva histórica conhecimentos de Botânica, Filologia e, obviamente, Climatologia. Já no ensaio historiográfico *Território do historiador* (1973/1978), Ladurie chama atenção para a necessidade de interação entre História e Informática.

155 *Montaillou: village occitaine* (1975).

por um movimento de repressão que obteve apoio de diversos reis e senhores feudais[156].

O interesse em estudar estes cátaros tardios, praticamente isolados no tempo e no espaço por causa da inacessibilidade dos Pirineus, estava na possibilidade exemplar de ali surpreender uma grande quantidade de detalhes sobre a vida dos camponeses, seus costumes, suas relações de parentesco, suas relações de gênero, sua economia e vida material. Como principais fontes históricas, tinha-se aqui uma significativa documentação inquisitorial: basicamente os vários depoimentos proferidos pelos acusados de heresia e por diversas das testemunhas que foram arroladas nos processos da Inquisição. A singularidade metodológica – e é este o ponto que mais nos interessa neste momento – é que estas fontes de arquivo são tratadas por Ladurie como depoimentos do mesmo tipo dos que são recolhidos pelos antropólogos com os modernos recursos de gravação.

De um lado, o conjunto de depoimentos podia ser considerado *homogêneo* no que se refere à sua produção de discurso, condições de recolhimento e registro material; de outro lado, seria *representativo* no que se refere aos aspectos que o historiador pretendeu examinar. Reordenando a informação fornecida pelos suspeitos de heresia inquiridos pelos inquisidores, Ladurie logrou reconstituir, a partir desta peculiar documentação tratada antropologicamente, tanto a cultura material como a mentalidade dos aldeões. Mais do que isto, a reconstituição dos aspectos da vida cotidiana daquela aldeia possibilitou a Ladurie atingir não apenas a história de uma aldeia particular, mas mesmo o retrato de uma sociedade mais ampla, a qual os aldeões representavam de alguma maneira, ainda que dentro de sua singularidade. Em uma imagem particularmente feliz sobre essa obra, o historió-

---

156 Os cátaros constituíram uma das mais difundidas heresias medievais, e se estabeleceram principalmente no sul da França e no norte da Espanha. Na França, foram dizimados pela chamada Cruzada Albigense, em 1209.

grafo inglês Peter Burke (n. 1937) refere-se aos intentos de Le Roy Ladurie como tentar "enxergar o oceano a partir de uma gota d'água"[157].

É verdade que certos aspectos do tratamento dado por Ladurie às suas fontes foram mais tarde criticados – particularmente a sua afirmação de que se tratava ali de "testemunhos sem intermediários, que nos trazem o camponês sobre si mesmo"[158]. Tal como ainda observa Peter Burke, um avaliador ao mesmo tempo entusiasmado e moderadamente crítico em relação à realização historiográfica de Le Roy Ladurie, "os aldeões depunham em occitanês e seus testemunhos eram escritos em latim. Não era uma conversa espontânea sobre si mesmos, mas respostas a questões sob a ameaça de torturas". "Os historiadores", acrescenta Burke, "não podem se permitir esquecer esses intermediários entre si e os homens e mulheres que estudam"[159].

O problema dos intermediários e das filtragens sempre foi particularmente caro às análises antropológicas, as quais se desenvolvem muito habitualmente na fronteira entre civilizações, na linha de risco que separa universos bem demarcados pela alteridade, ou na zona de ruído entre diferentes dialetos sociais. Perceber as intermediações estabelecidas entre os discursos – seja entre os diferentes discursos analisados, seja entre o discurso do analista e a alteridade que ele examina – sempre foi uma questão fulcral para a Antropologia. Em certos casos é preciso perceber mesmo as camadas de discursos que se superpõem, como se estivéssemos diante de um sítio arqueológico a ser decifrado em seus vários níveis de profundidade.

Carlo Ginzburg (n. 1939), micro-historiador italiano que também explorou as possibilidades antropológicas nas suas pró-

---

157 BURKE, 1991, p. 96.
158 LADURIE, 1990, p. 9.
159 BURKE, 1991, p. 97.

prias análises dos documentos da Inquisição, procura avançar na percepção dialógica deste tipo de fontes, cujas possibilidades discute em detalhe no ensaio "O Inquisidor como Antropólogo" (1989). Toma-se como ponto de partida o mesmo problema metodológico enfrentado por Ladurie: trata-se de dar um uso historiográfico, fortemente influenciado pela abordagem antropológica, aos registros escritos de produções orais – no caso mais específico da documentação examinada por Carlo Ginzburg, as fontes inquisitoriais do início da Idade Moderna.

As fontes inquisitoriais – que nos trabalhos de Ginzburg adquirem um novo sentido ao se ultrapassar o antigo enfoque nas "perseguições" em favor de uma atenção especial ao discurso – apresentam a especificidade de serem mediadas pelos "inquisidores". Ou seja, para se chegar ao mundo dos acusados é preciso atravessar esse filtro que é o ponto de vista do inquisidor do século XVI; é necessário empreender o esforço de compreender um mundo através de outro, de modo que temos aqui três polos dialógicos a serem considerados: o historiador que desenvolve sua análise, o "inquisidor-antropólogo" que interroga os seus suspeitos, e, por fim, o réu acusado de práticas de heresia ou de feitiçaria.

O limite da fonte – o desafio a ser enfrentado – é o fato de que o historiador deverá lidar com a "contaminação de estereótipos". Este é um antigo problema enfrentado pelos antropólogos desde a fundação de sua disciplina. Mas uma riqueza da mesma documentação é a forma de registro intensivo que é trazida pelas fontes inquisitoriais: uma documentação atenta aos detalhes, às margens do discurso, aos aspectos que passam despercebidos ao olhar convencional. Isto, para além do forte dialogismo ali presente, seja de maneira explícita ou implícita[160]. Quanto à estra-

---

160 O dialogismo ocorre quando temos duas ou mais vozes presentes no mesmo material textual, seja de modo explícito, tal como ocorre nos processos criminais ou nas entrevistas de todo tipo, seja de modo implícito, como ocorre em textos lite-

tégia metodológica que aproxima inquisidores do século XVI e antropólogos modernos, a que dá o título ao artigo, é exatamente a de traduzir uma cultura diferente por um código mais claro ou familiar[161].

O que nos ensina Ginzburg com o seu trabalho histórico-antropológico sobre estas fontes, e com suas reflexões teóricas e metodológicas sobre as mesmas? Antes do mais, fica claro que o historiador deve formular indagações sobre os seus mediadores, tanto para compreender os seus "filtros" como para fazer a crítica de autenticidade e veracidade relacionada à sua mediação dos depoimentos dos réus. Fica claro para o autor, e esta é já uma resposta à indagação inicial, que existe no inquisidor uma vontade real de compreender, o que o leva a inquirir o detalhe e a dar efetiva voz ao acusado. Ao mesmo tempo, a este inquisidor – em que pese o seu desejo de apreender o ponto de vista do réu – nada resta senão tentar entender os depoimentos ou a cultura investigada adaptando-os às suas próprias chaves e estereótipos. A fonte inquisitorial, por estes dois fatores, torna-se intensamente dialógica – isto é: ela envolve o diálogo entre muitas vozes sociais e de visões de mundo diferenciadas.

As novas interações entre historiadores e antropólogos, conforme pudemos ver no decorrer destas reflexões apenas introdutórias, constituem diálogos efetivos sobre a alteridade, e não é de se estranhar que, na mesma época em que a História passa a se beneficiar da terceira onda de diálogos com a Antropologia (décadas de 1960 e 1970), também se tenha intensificado o diálogo com outra ciência humana que também aborda a alteridade, mas sob outra perspectiva. Referimo-nos aqui à Psicologia (mas também à Psicanálise) que passou a constituir também um foco especial de atenção para os historiadores. O uso da categoria do

---

rários que lidam com diferentes visões de mundo através de uma narrativa polifônica que apresenta simultaneamente as perspectivas dos diversos personagens.
161 GINZBURG, 1991, p. 212.

"inconsciente", que mais tarde seria reintensificado pelo diálogo interdisciplinar com a linguística e as disciplinas do discurso, tem aqui uma entrada importante.

26 Problemas gerados pela interdisciplinaridade

Em que pese a riqueza trazida à historiografia do século XX pela interdisciplinaridade, deve-se também considerar que esta trouxe à historiografia novos problemas a serem considerados. Entre alguns dos principais problemas gerados pela interdisciplinaridade, podemos destacar, antes de mais nada, a multiplicação e proliferação de linguagens historiográficas diferenciadas.

Naturalmente que, a partir de seu contato e interação com as variadas ciências sociais e humanas, a historiografia foi se enriquecendo com novos conceitos, novas categorias de análise, e toda uma série de novas linguagens e repertórios discursivos que correspondem a campos de saber como a Antropologia, a Sociologia, a Ciência Política, a Economia, a Geografia, e tantos outros. Com a assimilação destes novos universos semânticos e modalidades de discursos, a historiografia pôde não apenas integrar novos âmbitos discursivos como combiná-los, gerando no seio da produção historiográfica uma grande quantidade de alternativas e quebrando a relativa unidade original da linguagem dos historiadores, tal como era praticada na escrita da História antes das aberturas interdisciplinares.

Gerard Noiriel (n. 1950), em sua obra *Sobre a crise da História* (1996), observa que não somente multiplicaram-se os dialetos entre as diversas tendências historiográficas voltadas para diálogos interdisciplinares específicos, como também se produziu uma certa clivagem entre o conjunto de historiadores mais abertos à interdisciplinaridade e os historiadores mais tradicionalistas no que se refere a resistências às aberturas interdisciplinares. Para além disso, a utilização de argumentações, abordagens, aportes teóricos e modos de raciocínio típicos das diversas ciências sociais e humanas também gera com frequência a necessidade de adaptações para os parâmetros fundamentais do trabalho historiográfico. Em resultado, produzem-se ainda mais multiplicações no instrumental discursivo.

Um exemplo pode ser dado com a assimilação do conceito sociológico e antropológico de "estrutura" pela historiografia dos *Annales*, e mais particularmente pela vertente que se apoiou nas inovações encaminhadas por Fernand Braudel. A estabilidade do conceito de estrutura, tal como proposta pela antropologia estrutural de Lévi-Strauss, precisou ser adaptada para a exigência historiográfica mínima de considerar um devir histórico em permanente transformação, e a contribuição de Fernand Braudel empenhou-se precisamente em enfrentar esse desafio. O evento, na abordagem estrutural dos *Annales*, não poderia ser simplesmente desprezado como em certas correntes da antropologia estrutural. Ao contrário, deveria ser integrado à estrutura, esclarecido e explicado pela estrutura, controlado pela análise estrutural, mas não poderia ser de modo nenhum contornado.

Outro ponto problemático a se tratar é o dos "fatores inibidores de interdisciplinaridade". As resistências a determinadas interdisciplinaridades, de parte de certos setores da historiografia, também deve ser problematizada nesta direção. Por vezes, os diálogos não se estabelecem por falta de uma maior compreensão dos especialistas de cada campo em relação ao outro campo com o qual poderia ser estabelecido o diálogo interdisciplinar. A historiadora brasileira Giselda Silva, em artigo sobre a relação entre "História e Linguística" (2004), faz notar que algumas das resistências à integração das metodologias de análise de discurso por certo número de historiadores existe em função de um espaço de não comunicação que se estabelece entre historiadores e linguistas. Nem todos os historiadores teriam uma consciência clara sobre a riqueza e amplitude de possibilidades trazidas pela Linguística, compreendendo esta apenas a partir das vertentes estruturalistas saussureanas.

De outra parte, conforme observa a autora, não é difícil encontrar entre os linguistas as afirmações de que o historiador continua basicamente preocupado com os grandes fatos, personagens e datas, o que revelaria uma concepção sobre a historiografia que já não corresponde mais à realidade dos historiadores já há muitas décadas. O exemplo é útil para mostrar que o desconhecimento mútuo sobre as diversas possibilidades de um outro campo de saber, e também sobre a própria história deste campo, pode funcionar como entrave para o estabelecimento de uma relação interdisciplinar que poderia resultar em grande utilidade para um campo e outro.

O receio da "perda da identidade", que de certa forma é expresso por François Dosse na sua crítica aos exageros interdisciplinares da Nouvelle Histoire, por ele referida como uma *História em Migalhas* (1987), também pode ser apontado como um dos fatores de inibição. Dois pensadores importantes da última geração de linguistas que trabalham com a "análise de discurso" – Patrick Charaudeau e Dominique Maingueneau[162] – ressaltam que um número bastante significativo de historiadores revela inquietações diante da aproximação com a Linguística por receio de que haja perda no estatuto científico da História com a opção de estudar a produção de sentido dos discursos. Algumas discussões que já se tornaram clássicas apontam nesta direção, tal como foi o caso do debate entre Ankersmit e Zagorin em torno das questões da Pós-modernidade, através de artigos trocados em forma de réplica na revista *History and Theory* (1989/1990)[163].

---

162 CHARAUDEAU & MAINGUENEAU, 2004, p. 264.

163 O artigo de Ankersmit que desencadeou a polêmica intitula-se "Historiografia e Pós-modernismo". A resposta de Zagorin a esse primeiro artigo de Ankersmit foi publicada sob o título "Historiografia e Pós-modernismo: reconsiderações". Por fim, uma réplica a esta crítica de Zagorin foi também publicada por Ankersmit em *History and Theory*. Os três artigos foram publicados em português pela revista *Topoi* (2001, p. 153-173).

Com relação a diálogos interdisciplinares que vêm de mais longa data, como aqueles que se estabeleceram entre a História e a Antropologia ou entre a História e a Sociologia, há autores que discutem como os abalos decorrentes destes encontros interdisciplinares vieram a afetar a própria matriz disciplinar da História, obrigando setores produtivos desta disciplina a renunciar, em algumas ocasiões, a um perfil historiográfico típico.

Desse modo, pode-se dizer que a interdisciplinaridade apresenta-se como um enigma que se coloca para a História: mostrando simultaneamente a face da libertação e o vago receio da sua dissolução em um oceano de saberes. A interdisciplinaridade liberta; mas até que extremos pode ser conduzida sem que acarrete no desaparecimento da identidade mínima da História? Trago estas questões apenas para oferecer os dois lados. De nossa parte, acreditamos que a interdisciplinaridade, considerando qualquer campo de saber, tem muito mais a oferecer como oportunidades de enriquecimento e renovação efetivos do que como risco de descaracterizá-lo.

V
Imaginação musical e Interdisciplinaridade

27 Uma interdisciplinaridade inusitada

Neste último capítulo, quero abordar uma inusitada interdisciplinaridade que tem ocupado uma parte significativa de minha reflexão sobre os campos de saber com os quais dialogo. A origem de tudo é a Música. Registrei em um momento anterior que iria dar mais exemplos relacionados à História do que a outros campos de saber, porque essa é a minha área de formação e atuação profissional. Isso é verdade. Mas também é verdade que tenho uma formação importante em Música, anterior à minha própria formação como historiador. Por causa disso, a Música sempre me acompanhou como uma dimensão importante, e posso até mesmo dizer que, se me tornei historiador por causa de minha segunda formação acadêmica e da minha posterior atuação profissional mais efetiva como professor, autor e pesquisador de História, o meu modo de enxergar e sentir o mundo sempre continuou a ser o de um músico. Gosto de pensar que sou um músico que utiliza como instrumento a História e outros campos de saber com os quais tenho afinidade. Este esclarecimento pessoal se faz necessário neste último capítulo, no qual gostaria de discutir se a Música, ou a imaginação musical dela decorrente, não poderia ser tomada como um importante âmbi-

151

to de inspirações interdisciplinares para diversos outros campos de saber.

Tenho investigado e refletido muito, nos últimos anos, sobre as possibilidades de interação da Música com campos de saber como a História, a Geografia, a Filosofia, a Antropologia, a Educação, a Psicologia, a Literatura, e mesmo a Física.

A questão que gostaria de explorar refere-se à oportunidade de utilizar conceitos e modos de imaginação típicos da Música para a renovação dos mais diversos campos de saber. Este aspecto é particularmente fascinante. Vou partir inicialmente da relação entre a Música e a História, mas logo enveredarei por exemplos também relacionados a outras disciplinas.

Há muito os historiadores já estudam a música como objeto (a História da Música), e já há bastante tempo utilizam a música como fonte para a História (a História através da música)[164]. Mas o que me interessa neste momento é uma outra possibilidade, menos comum: o uso da Música como interface interdisciplinar capaz de oferecer meios para a renovação da própria História como disciplina. Depois, quero me perguntar também, ou refletir sobre os progressos já feitos nesta direção de maior amplitude: Poderá a música funcionar como interface interdisciplinar para qualquer outro campo de saber?

Já se pensou nisso em algumas ocasiões, mas há ainda um vasto caminho a ser percorrido no sentido de permitir que a Música funcione como fonte interdisciplinar para os saberes diversos. Será que certos conceitos típicos de Música (enquanto disciplina ou prática) não poderiam contribuir para oferecer à História, ou a qualquer outra disciplina, novos modos de análi-

---

164 Aqui me refiro à utilização da música como fonte histórica que permite compreender aspectos da história diversos, que não apenas a própria Música. Pode-se estudar a economia, a política a cultura de uma sociedade através de fontes musicais (canções, instrumentos musicais, registros relacionados aos espetáculos e ao consumo de música, p. ex.). Pode-se estudar a história religiosa através da música, a vida cotidiana de uma determinada população, sua cultura material, ou inúmeros outros aspectos de uma sociedade e da história.

se, novos recursos expressivos, novas aproximações teóricas? A imaginação musical, típica dos músicos, não poderia contribuir para renovar os modos de imaginação que já são típicos dos historiadores, geógrafos, psicólogos, linguistas, físicos, biólogos, e assim por diante?

28 Polifonia: na Linguística e na História

Já existem, certamente, experiências nesta direção, diálogos interdisciplinares em movimento, conceitos compartilhados. O campo da linguística, por exemplo, incorporou conceitos musicais para abordar o discurso. Nesta mesma esteira, alguns historiadores já lançam mão do conceito de *polifonia* para se referirem a determinados tipos de fontes históricas, ou de expectativas que podem ser estabelecidas para tratamento de certas fontes históricas. Reflitamos inicialmente sobre este conceito, e sobre seus potenciais interdisciplinares.

A polifonia, na música, corresponde à sucessão simultânea de diversas vozes musicais, ou de diversas melodias que caminham juntas, estabelecendo contrapontos, diálogos, imitações, dialéticas de pergunta e resposta. A música de Johan Sebastian Bach, compositor alemão da última fase do período barroco (primeira metade do século XVIII), oferece inúmeras realizações de construções polifônicas. Os conjuntos de choro no Brasil contemporâneo, nas suas realizações instrumentais, também elaboram a polifonia à sua maneira.

Para resumir, podemos dizer que a escrita polifônica seria aquela na qual a composição se desenvolve em várias vozes que se sobrepõem ao mesmo tempo, avançando paralelamente e interagindo umas com as outras para a realização de um resultado maior. Opostos disto são a *monodia* (escrita em uma única voz, como nos cantos gregorianos) e a *homofonia*, modo de apresentação musical no qual uma melodia na voz superior comanda o discurso musical apoiada em uma base harmônica estabelecida a partir de uma sucessão de acordes. É somente na polifonia autêntica que todas as vozes afirmam a sua identidade, sem que uma se sobreponha às outras em termos de importância. A polifonia, pode-se dizer, é uma trama musical composta de muitas vozes.

Linguistas como Mikhail Bakhtin (1895-1975) utilizaram o conceito de polifonia fora do campo mais propriamente musical, aplicando-o à Literatura[165]. Bakhtin vale-se da ideia de polifonia para se referir à escrita de Dostoievsky, mas também a estende a diversas outras criações no campo do Romance. Argumenta que, nesta forma de escrever, o discurso autoral é contraposto a uma diversidade de vozes distintas que se afirmam enfaticamente, seja a partir dos diversos personagens, seja através de inserções narrativas que trazem outros discursos que não são o do autor do texto. A esse jogo de várias vozes que ora dialogam, ora se contrapõem ou se digladiam, ora se citam mutuamente, ora expressam diferentes discursos ligados a distintas comunidades linguísticas, Bakhtin denominou "dialogismo".

O chamado "romance polifônico", para Bakhtin, seria aquele no qual, ao lado do narrador principal que conduz temporalmente o fio do discurso, afirmam-se diversas vozes ideológicas contraditórias[166]. A bem dizer, na polifonia literária autêntica não deveria existir uma voz que subordina as outras, o que seria uma "monologia" ou o equivalente a uma "homofonia musical", mas sim um autêntico dialogismo que estabelece uma trama na qual as diversas vozes polemizam entre si, afirmando cada qual a sua visão de mundo.

A incorporação à linguística e à crítica literária deste conceito extremamente familiar aos músicos – a polifonia – e a exploração criativa de suas potencialidades para abordar problemas não musicais, configura um fascinante uso interdisciplinar.

---

165 A obra clássica é o ensaio de Mikhail Bakhtin sobre os *Problemas da Poética de Dostoievsky* (1963).

166 BAKHTIN, 2008, p. 208.

Bakhtin mostrou, com a utilização deste conceito, que é possível pensar a criação literária, e a própria língua, a partir de uma imaginação musical.

A perspectiva da polifonia foi trazida para a História, a partir de Bakhtin, por autores como o micro-historiador italiano Carlo Ginzburg (n. 1939), entre muitos outros. Pode-se dizer, neste caso, que um conceito originário da Música, mediado pelo campo da crítica literária, terminou por ser assimilado pela História de modo a produzir novas perspectivas teóricas e metodológicas. Essa triangulação entre três distintos campos de saber – a Música, a Crítica Literária e a História – constitui uma prática interdisciplinar extraordinariamente rica. Ao lado disso, é a isso que me refiro quando sustento que a última e mais fascinante possibilidade de interação entre Música e História se refere à possibilidade de que o campo musical forneça aos historiadores novos conceitos e mesmo modos de imaginação inéditos, capazes de renovar a História e o pensamento historiográfico.

O vocabulário musical que define a polifonia como um discurso multivocal, entretecido por diversas melodias que se harmonizam e se confrontam, passou da teoria literária inspirada em Bakhtin à metodologia da História. Chamamos de fontes polifônicas àquelas que apresentam um padrão mais intenso de dialogismo em decorrência da própria maneira como estão estruturadas, ou então em função dos próprios objetivos que as materializaram. Podemos também chamá-las de "fontes dialógicas", em atenção à contribuição de Bakhtin. De todo modo, a característica desse tipo de fontes é que a polifonia torna-se tangível. O historiador pode ler nelas uma trama formada por diversas vozes, da mesma maneira que o maestro tem sob seus olhos, ao ler a sua partitura, as diversas melodias encaminhadas pelos vários instrumentos da orquestra.

Fontes dialógicas por excelência, entre várias outras que poderiam ser mencionadas, são os processos criminais e processos inquisitoriais – os quais envolvem depoimentos de réus, testemunhas e acusadores, mas também a figura destes mediadores que são os delegados de polícia, os juízes e os inquisidores, e ainda os advogados para o caso dos processos jurídicos modernos. Os processos também são, além de dialógicos, "fontes intensivas" – fontes que buscam apreender e dar a perceber muitos detalhes, particularmente os que passariam despercebidos ou aos quais em outra situação não se dá a devida importância (lembremos, nos filmes policiais, os investigadores criminais vasculhando as latas de lixo e as pequenas pistas deixadas na cena do crime). Por fim, os processos também costumam apresentar um esforço significativo de compreender a fala de um outro, de dar a compreender esta fala, embora também envolvam a manipulação da fala e as estratégias de silenciamento do inquirido.

Os micro-historiadores, de sua parte, têm desenvolvido uma habilidade quase musical de ler a polifonia nas fontes dialógicas. As diferentes versões dos acontecimentos que através delas se conflitam, as visões de mundo que os atores sociais encaminham uns contra os outros, as redes de rivalidades e solidariedades que daí emergem, as identidades e preconceitos, é todo este vasto e dialógico universo – não apenas capaz de elucidar as relações interindividuais, como também de esclarecer a respeito das relações de classe – o que se mostra como principal objeto de investigação para a análise micro-historiográfica que se torna possível a partir de fontes dialógicas como os processos criminais. A percepção polifônica, definitivamente, adentrou a metodologia histórica e os seus modos de expressão. Os historiadores, certamente, tiveram e ainda terão muito a aprender com os músicos.

29 Acordes: seu uso como conceito possível para os diversos campos de saber

Recentemente, discuti em profundidade outra possibilidade oferecida pela imaginação musical. Abordei-a inicialmente em uma obra específica[167], e posteriormente em duas outras, para além de alguns artigos que também exploraram esta mesma ponte interdisciplinar. Trata-se da possibilidade de trazer para os modos de elaborar a História (e outros campos de saber inseridos nas ciências humanas, e mesmo fora delas) um outro conceito muito importante para os músicos: o de *acorde*. O "acorde", na teoria e na prática musical, pode ser entendido como um conjunto de notas musicais que soam juntas e assim produzem uma sonoridade compósita. Tentemos esclarecer melhor este conceito musical, antes de prosseguirmos.

De maneira simplificada, podemos dizer que o acorde é um som constituído de outros sons, cada um dos quais integra a sua identidade sonora. Deve-se notar, ainda, que não são apenas os sons constituintes do acorde aquilo que configura a sua identidade sonora, mas também as relações de cada um destes sons com cada um dos outros e com a totalidade que os integra. Um som interferido por um outro, e mediado por um terceiro, transforma-se na verdade em um fenômeno sonoro novo, de modo que podemos dizer que um acorde corresponde não apenas a uma combinação de sons, mas também a uma combinação de relações de sons que interagem reciprocamente.

Podemos visualizar através de uma pauta de cinco linhas, como a que foi acima desenhada, a representação de um acorde musical. Todavia, devemos sempre compreender que o acorde é um fenômeno sonoro, independente da representação que lhe

---

167 BARROS, 2011c.

atribuamos em uma folha de papel. A representação de acordes na pauta musical, e de melodias formadas por notas musicais em sucessão, foi apenas um recurso que os músicos inventaram para comunicar, uns aos outros, a música que deve ser executada. No caso dos acordes, entrementes, deve-se entender que, na realidade musical, as notas não se manifestam uma por cima da outra, como a figura sugere, mas sim uma "por dentro" da outra.

Um acorde, enfim, é um som formado por vários sons que soam simultaneamente, uns interferindo nos outros e todos terminando por produzir uma coisa nova. De fato, tal como bem sabem todos aqueles que praticam a música, não é possível, senão rudimentarmente, representar um fenômeno musical e sonoro: só podemos senti-lo, depois de apreendê-lo através de nossos recursos auditivos. Só é possível perceber isto, esta realidade pungente que é o fenômeno sonoro, capaz de agregar simultaneamente realidades diversas que se presentificam em um único movimento, quando ouvimos ou tocamos música.

Se na teoria e na prática musical o "acorde" pode ser de fato entendido como um conjunto de notas musicais que soam juntas e assim produzem uma sonoridade compósita, devo lembrar, adicionalmente, que a noção de "acorde" não aparece exclusivamente na música, embora aí tenha a sua origem. O conceito de "acorde" também fundamenta campos diversos da criação humana, o que já revela mais uma vez o imenso potencial interdisciplinar deste conceito. A ideia e a noção de acorde aparecem, por exemplo, na Enologia – ciência e arte que estuda todos os aspectos envolvidos na produção e consumo do vinho. Um bom vinho é formado por notas que se harmonizam para formar o seu acorde de sabores. De igual maneira, a noção de acorde também está na base da arte da elaboração de perfumes, e, neste caso, o acorde passa a corresponder a uma mistura de aromas que, combinados, equivalem à informação total captada pelo olfato humano. Deste modo, o acorde olfativo também é constituído de notas[168]. Além disso, existem acordes cromáticos, como bem demonstraram os pintores impressionistas e pontilhistas, e também a arte da produção de alimentos utiliza o conceito com vistas a representar as diferentes combinações de ingredientes.

Cada um destes campos – a arte da perfumaria, a enologia, a culinária, a pintura – beneficiou-se do conceito de acorde através de uma atitude interdisciplinar que proporcionou a cada um destes campos a introdução de toda uma nova perspectiva e de um novo vocabulário que inclui, além do conceito de acorde, a ideia de harmonia, notas, consonância, e outras palavras mais que primordialmente eram encontradas apenas na prática musical.

Na Música – ou mais especificamente no sistema harmônico que se desenvolveu na história da música nas culturas ocidentais – o acorde costuma ser constituído por uma suposição de intervalos de terças que se estabelecem, do grave para o agudo, a partir da "nota fundamental". Na figura atrás trazida pela pauta, cada um daqueles pequenos círculos que estão empilhados um sobre o outro corresponde a um som que poderia ter sido perfeitamente emitido de maneira isolada. No acorde, contudo, eles soam juntos: estão amarrados em um único momento, e por isso implicam um no outro formando uma identidade sonora nova. O acorde corresponde a uma simultaneidade de sons, a um feixe transversal de notas musicais que passam a interagir umas com as outras de modo a formar uma coisa nova. Quando escutamos um acorde, simultaneamente podemos prestar atenção no todo (na totalidade acórdica), em cada nota específica que o constitui, e em

---

168 Basicamente, a combinatória de aromas com vistas à produção de um perfume trabalha com três grupos de notas: as "notas de fundo", que são constituídas pelos fixadores que mantêm o perfume por mais tempo, fazendo-o perdurar por sete ou oito horas; as "notas de corpo" (ou "notas de coração"), constituídas por moléculas que perduram quatro ou cinco horas antes de se volatilizarem; e as "notas de topo" (ou "notas de cabeça"), responsáveis pelo primeiro impacto do perfume.

cada relação singular que se estabelece entre duas ou três notas no interior do acorde (ou seja, podemos escutar setorialmente as relações entre as notas e grupos de notas no interior do acorde). O acorde é um portal de percepções integradas[169].

A minha ideia, que aqui reapresento como ilustração de como a teoria musical e o modo de imaginação típico dos músicos pode beneficiar interdisciplinarmente a teoria da história, foi a de incorporar a este último campo de estudos esta poderosa imagem musical, a do "acorde". A proposta encaminhada é a de que, ao analisarmos um determinado pensamento autoral (na historiografia, na história das ideias, ou na história intelectual, por exemplo), seria possível falar com bastante adequação em acordes formados por diversos elementos. Um "acorde teórico", ou um "acorde historiográfico", é a metáfora a ser aqui utilizada para se falar em um grupo de aspectos e/ou linhas de influência que permitem definir a visão de mundo e a prática de determinado historiador ou filósofo. O mesmo recurso, aliás, pode ser empregado para o exame de pensadores ligados a qualquer campo de saber. Este recurso interdisciplinar – a possibilidade de enxergar a complexidade de um pensamento autoral através da imagem musical do acorde – pode ser estendido a qualquer campo de saber.

Tal proposta busca superar a prática tão comum de classificar autores em paradigmas ou correntes intelectuais, sempre de maneira simplória e como se estes paradigmas fossem enormes caixas nas quais poderiam ser encerrados definitivamente os diversos autores. A noção de "acorde teórico" (ou "acorde histo-

---

[169] "Apesar da representação de um acorde na pauta musical implicar verticalidade, e embora isto dê a ideia de uma (apenas aparente) hierarquia de alturas – na verdade as notas de um acorde, no fenômeno musical real, entram umas por dentro das outras. As notas de um acorde formam um fascinante imbricado sonoro, em que cada nota pode ser escutada individualmente, mas no qual todas também podem ser escutadas juntas, e em suas várias relações internas. Não encontro melhor forma para esclarecer isto senão dizendo que as notas de um acorde irrompem uma por dentro da outra, envolvendo e deixando-se conter por cada uma das outras ao mesmo tempo, como ocorre com os dois componentes do símbolo chinês Yin e Yang" (BARROS, 2017, p. 122).

riográfico", se for o caso) nos permite restituir alguma complexidade à percepção sobre as especificidades de cada autor, de cada historiador, filósofo ou intelectual. Se enquadrar um autor no interior de um paradigma pode trazer o efeito de podar algumas de suas especificidades, ou de pôr a perder algumas de suas singularidades, já a utilização da noção de "acorde teórico" pretende enfrentar o desafio de recuperar um pouco desta complexidade. Assim, um filósofo como Walter Benjamin (1892-1940) já não é tão somente um materialista histórico (seu paradigma básico), mas também inúmeras outras coisas. Seu acorde teórico contém elementos diversos como a influência da Psicanálise, o estilo aforístico à maneira do filósofo alemão Friedrich Nietzsche (1844-1900), uma consciência trágica, uma perspectiva messiânica revolucionária, a recusa à ilusão de progresso, e tantas outras notas quantas possamos pensar de modo a capturar a sua complexidade. Tudo isto se junta ao materialismo histórico para a formação desta identidade teórica extremamente complexa que é a de Walter Benjamin, para dar apenas um pequeno exemplo entre outros que poderiam ter sido evocados. Isso é um acorde: a complexidade representada por um combinado de notas que supera a simploriedade das meras caixas classificatórias.

Proponho, enfim, que utilizemos o conceito de acorde para renovar não apenas o modo de abordar a historiografia e as identidades teóricas, mas também outros campos como a filosofia, a antropologia, a sociologia, a educação, a psicologia, e tantos âmbitos de saber quantos possamos pensar. Isso seria investir efetivamente na interação entre a imaginação musical e cada um dos diversos saberes conhecidos. Trata-se de explorar a possibilidade de deixar que a Música atue em cada campo de saber interdisciplinarmente, fornecendo-lhe conceitos, vocabulários, modos de imaginação distintos daqueles que habitualmente são encaminhados pelos praticantes destes campos.

O modo de imaginação baseado no acorde também pode contribuir para visualizarmos identidades complexas, fora do universo autoral. Deste modo, a imaginação musical proporcionada pelo conceito de acorde pode contribuir para renovar interdisciplinarmente a Antropologia. Ao analisar realidades culturais diversificadas, os antropólogos e historiadores da cultura poderiam pensar em "acordes de identidades". Um indivíduo nunca é uma coisa apenas: frequentemente ele corresponde a um entremeado de coisas que o definem, ou a um acorde identitário. Essa linha de analogias, todavia, merece um estudo à parte, o qual já está em curso.

30 Outros usos para o conceito de acorde: na Filosofia, na Geografia e na Sociologia

Além disso, expandi recentemente a utilização do conceito de acorde para dois outros âmbitos, a filosofia e a geografia[170]. A ideia de acorde coaduna-se perfeitamente com a imagem que, de um ponto de vista filosófico, podemos fazer de qualquer conceito. Um conceito, tal como um acorde, é formado também por diversos elementos que interagem uns sobre os outros, constituindo esse todo que é o conceito. A filosofia, aliás, chama aos elementos que entram na composição da compreensão de um conceito de "notas". Esta é uma coincidência bastante significativa, uma vez que, na Música, os sons que constituem uma composição (e também um acorde) são chamados de notas musicais.

Na Geografia utilizei em obra recente[171] a imagem do acorde para outros fins. Sabe-se que o espaço geográfico contém tempo. Quando contemplamos uma paisagem podemos ver a superposição de notas com tempos e durações distintas. É possível enxergar, no meio que preenche e reconfigura o espaço, muitas histórias simultâneas, assim como as sucessivas mudanças no tempo,

---

170 *Os Conceitos* (BARROS, 2016, p. 83-93) e *História, Espaço, Geografia* (BARROS, 2017, p. 101-126).
171 BARROS, 2017, p. 101-126.

com seus ritmos diferenciados, do espaço e do meio físico. Aqui se dá o encontro entre a Geografia e a História, e podemos perfeitamente acrescentar a este acorde interdisciplinar uma perspectiva musical. Os seres humanos, e todos os seres vivos, desenrolam suas existências e processos vitais no interior de uma complexa sinfonia formada por muitos acordes, cada qual, de sua parte, formado por notas que remetem a tempos distintos.

Imaginemos uma pequena ou grande cidade, com seus elementos naturais e artificiais, com suas fileiras de edifícios, cada um deles erguido em uma data distinta. O calçamento também foi colocado em certo momento; às vezes, podemos enxergar através dos seus retalhos setores distintos de tempo. As árvores na calçada talvez tenham idades distintas. Todos esses elementos e inúmeros outros, e também os fluxos de homens e mulheres que passam pelas ruas movimentadas em seu fluxo cotidiano, fazem parte do acorde visual oferecido por uma paisagem. Com relação aos elementos mais fixos – os acidentes geográficos, os prédios e as estruturas construídas pelos seres humanos – qualquer paisagem esconde (ou revela) uma simultaneidade de camadas de tempo, através da sua complexa polifonia de objetos que remontam a épocas diferentes. Enxergar essa diversidade de elementos e aspectos, ao mesmo tempo sincrônica e diacrônica, ao mesmo tempo harmônica e entrelaçadora de distintas séries polifônicas, é de alguma maneira pensar acordicamente. Valemo-nos de uma imaginação musical quando ousamos evocar o acorde como conceito organizador de uma realidade urbana (ou rural). A Música, desta forma, é uma intertextualidade também possível para a Geografia.

Cada aspecto da natureza, ademais, pode ser compreendido a partir da ideia do acorde. Tomemos como exemplo o clima. O que chamamos de clima, com todas as sensações que o envolvem, pode ser compreendido como um tríplice acorde formado pela interpenetração da temperatura, pressão e umidade do ar.

Entrementes, se o Clima pode ser pressentido como uma tríade formada pela combinação em intensidades distintas destes três fatores, o próprio clima torna-se também uma nota em um acorde mais amplo, que formará o Meio. Combinado ao bioma, ao relevo, à estrutura geológica, ao regime das águas, ao movimento dos gases, o clima constitui um meio físico e natural ao qual os seres humanos acrescentarão as suas próprias notas com a materialidade por eles construída (os prédios e rede viária de uma cidade, as casas e estruturas produtivas em uma fazenda, e assim por diante). Uma paisagem geográfica, enfim, pode ser compreendida como uma interpenetração de acordes que contém outros acordes.

*

Quero evocar mais algumas possibilidades acórdicas, antes de passar, no próximo item, à exploração de outros elementos da Música que podem funcionar como caminhos interdisciplinares. Eu me arriscaria a dizer que outros usos da analogia ou da estrutura dos acordes, ainda que não explicitados com este nome, foram também sugeridos de alguma maneira por outros autores através de algumas propostas teóricas ou analíticas específicas. Um exemplo notável, a meu ver, é o do sociólogo interacionista Howard Becker (n. 1928).

Becker, além de sociólogo, também é músico, e chegou a atuar em determinado momento de sua vida como pianista jazzista. Ele reconhece a Música como uma linha forte de influências que ajuda a estruturar o seu pensamento sociológico. Chama-me atenção a perspectiva sociológica de Becker sobre os objetos materiais, e também sobre os objetos sociais. Um de seus ditos mais conhecidos é o de que "as coisas são apenas pessoas agindo juntas". Considero que isso é outra maneira de dizer que os objetos são complexos acordes formados por ações executadas por diversos seres humanos, entre indivíduos e grupos sociais, entre tradições e instituições, entre decisões tomadas por uma miríade de pessoas agindo em várias direções. Vejamos uma passagem do autor a seguir. Sintomaticamente, o objeto escolhido para exemplificação é um instrumento musical. Mas poderia ser qualquer outro: um projetor de imagens preso ao teto de uma sala de aula, um automóvel que se desloca pela rua, um relógio de pulso... qualquer coisa. Mas vamos ao exemplo:

> Podemos ver que um objeto é, como eu disse mais acima, a encarnação física de todas as ações que todos praticaram para lhe dar existência. Um instrumento musical, apesar de sua indubitável realidade física, é a encarnação material de todos os experimentos em acústica que o tornaram possível. Mas é também a encarnação das escolhas feitas por muitas e muitas gerações de executantes e compositores para construí-lo e tocá-lo de determinada maneira, de ouvintes que aceitaram os sons resultantes como música e das empresas comerciais que tornaram tudo isso possível (BECKER, 2007, p. 72).

Howard Becker está nos dizendo que podemos fazer a leitura sociológica de um objeto – ou uma leitura sociológica dos objetos como um todo – se conseguirmos enxergar (ou escutar) as diversas notas que o constituem. Estas notas, na perspectiva de Becker sobre os objetos, são ações humanas: individuais, mas sobretudo coletivas. Se olharmos para um pequeno ventilador que gira suas hélices para aliviar o calor em um verão escaldante, poderemos ter sucesso em compreender este objeto sociologicamente se pensarmos na cadeia de ações que possibilitaram a sua idealização, construção, manutenção, permanência naquele recinto, uso de acordo com a função para a qual foi projetado (ou, ao contrário, o deslocamento para uma outra função não prevista).

O ventilador foi construído por alguém. Na verdade, em uma sociedade industrial, terá sido certamente construído por uma empresa, através da mobilização do trabalho de diversos trabalhadores. Seus materiais foram extraídos da terra, mas depois refinados por processos fabris. Como mercadoria, o ventilador foi posto à venda em uma loja inserida em uma rede comercial. Precisou ser transportado para lá da fábrica onde foi produzido, e precisará depois ser transportado da loja para o consumidor que dele se beneficiará.

Há uma tradição ou uma fórmula industrial materializada no ventilador, que, além disso, foi inventado há muitos anos atrás, e aperfeiçoado sucessivamente para chegar a ter aquela forma e desempenhar aquela função. O ventilador, ademais, remete a uma rede de invenções mais amplas, e mesmo à descoberta da eletricidade que agora o anima. Funciona, aliás, porque há terminais elétricos por toda a parte, nos quais pode ser conectado. A sociedade, em alguns de seus aspectos, pode ser lida no ventilador que ela mesma produziu. As ações estão ali, combinadas de maneiras extremamente complexas, mas prontas a serem decifradas a partir de uma leitura sociológica que começa com o próprio exame da materialidade do objeto, de sua funcionalidade, das tradições que nele se materializam, do sistema econômico e produtivo que nele se projeta. Ali está um acorde de ações humanas combinadas, rodando ao ganhar vida através da energia que circula em suas fiações. Eis um acorde com todas as suas notas, embora sem ser explicitado com este termo.

O truque[172] proposto por Becker é o de "ver objetos como o resíduo da ação conjunta de pessoas"[173]. Não seria este artifício típico de uma visão musical do mundo? Poderia ser diferente se o próprio autor reconhece em diversas oportunidades como a Música ajudou a estruturar o seu pensamento sociológico? Com perspectivas como esta, afirma-se a possibilidade ou a habilidade de pensar musicalmente a Sociologia, ou de combinar uma visão musical ao tratamento dos objetos sociológicos, A Sociologia, nesse caso, pode ser utilizada como um instrumento (musical). O mesmo poderia ser dito com relação à História, Psicologia,

---

172 Howard Becker, entre muitas obras, publicou um manual de pesquisa sociológica que intitulou "Segredos e truques da pesquisa" (2007).

173 Cf. BECKER, 2007, p. 270.

Antropologia, ou com a Física. Podemos nos valer dos diversos saberes como se eles fossem instrumentos musicais. Seus objetos (suas paisagens, suas identidades teóricas, suas identidades culturais, objetos materiais, formas sociais de organização, sistemas econômicos e inúmeros outros elementos) podem ser percebidos como acordes constituídos de muitas notas, ou como polifonias que colocam em jogo diversas vozes.

31 Formas Musicais: um exemplo na Antropologia

Outro aspecto musical que pode se abrir à inspiração interdisciplinar para os diversos campos de saber é a "forma". A forma – na Música, como nas demais artes – é correspondente à organização interna dos materiais e temas no tempo ou no espaço (dependendo do tipo de arte), bem como à formação de ambientes internos na obra de arte. Dependendo do tipo de arte, também se relaciona ao modo como organizamos o discurso (em frases que se interconectam umas às outras, por exemplo, tal como ocorre na poesia e na música). A forma cria – em uma obra de arte – uma divisão em partes internas, seções e subseções. Também estabelece os tipos de limites e as conexões entre estas partes, de maneira explícita ou implícita. Em três palavras, a forma é o caminho percorrido pelo conteúdo. Tudo isso ficará mais claro a seguir.

Na Literatura e em outros gêneros de escrita, fica bem evidente o fato de que a forma estabelece partes internas através das quais flui o conteúdo da obra, uma vez que a tradição literária do Romance (um gênero literário que pode ser tomado como exemplo) costuma habitualmente dividir um livro em capítulos e outras seções que se apresentam bem explícitas ao leitor (mas mesmo um capítulo pode ter, dentro de si, também os seus ambientes internos). Uma peça de teatro, de igual maneira, é habitualmente organizada em dois, três ou mais atos, e cada ato é subdividido em cenas através das quais a trama se desenvolve. De maneira análoga, um filme também comporta as suas divisões internas. Esses três exemplos mostram-nos o uso da forma relativamente ao tempo, pois a narrativa literária, a obra teatral ou fílmica, e também a música, expressam-se através de uma sucessão temporal. Todavia, há outras artes – como a pintura, a escultura e a arquitetura – que não constituem (pelo menos não necessariamente) uma narrativa ou discurso no tempo, mas que nem por isso deixam de ter forma. Nestes casos, a forma torna-se uma organização não no tempo, mas no espaço de duas dimensões (no caso da pintura), ou de três dimensões (no caso da escultura e da arquitetura).

A Música também se desenvolve através de inúmeras formas. Uma canção frequentemente apresenta uma forma repartida em duas seções recorrentes, ou também em três seções nas quais a última é uma retomada dos materiais apresentados na primeira sessão. Mas há formas bem mais complexas, como a Forma-Sonata clássica, a qual coloca em jogo dois temas que se contrastam em seções distintas da música e são posteriormente desenvolvidos pelo compositor até retornarem mais uma vez na sua forma inicial. A Fuga, de sua parte, é uma forma polifônica por excelência: nela o tema circula através das diversas vozes musicais (os vários instrumentos, por exemplo) num intrincado jogo de perguntas e respostas. Já o *Tema e Variações*, para evocar um último exemplo, consiste em apresentar um tema simples para, em seguida, reapresentá-lo sucessivas vezes de maneira mais complexa e transformada. Esses são alguns exemplos de formas musicais, embora não seja nosso objetivo discuti-las em profundidade no pequeno espaço deste item.

    A questão para refletir neste momento pode ser enunciada em termos bastante simples. Poderia a forma musical – ou formas inspiradas na Música – servir de suporte a obras científicas ou ensaísticas nos diversos campos de saber? Encontramos na literatura antropológica pelo menos um exemplo particularmente interessante. Lévi-Strauss (1908-2009), em *O cru e o cozido* (Antropológicas I) [1964], decidiu organizar os capítulos de seu livro com base em formas musicais. Os capítulos dessa obra que examina os mitos indígenas brasileiros apresentam títulos bem peculiares, como "Canto Bororo", "Variações Jê", "Sonata de boas maneiras", "Fuga dos cinco sentidos", e assim por diante. O antropólogo belga ressalta, já na parte introdutória de sua obra (por ele denominada "Abertura"[174]), que não se trata de um mero capricho autoral:

> Rapidamente, quase desde o início dessa obra, constatamos que seria impossível distribuir a matéria desse livro de acordo com um plano conforme às normas tradicionais. O corte em capítulos não violentava apenas o movimento do pensamento; empobrecia-o e mutilava-o, tirava da demonstração sua agudeza. Paradoxalmente, parecia que, para que ela fosse determinante, era preciso conceder-lhe mais flexibilidade e liberdade[175].

A forma tradicional de capítulos em sucessão linear simples, prossegue Lévi-Strauss em uma cuidadosa justificativa para o seu leitor, não seria a mais adequada à exposição de sua pesquisa e ao desenvolvimento de sua argumentação e reflexão. A ideia de inspirar a organização de sua obra em formas musicais conhecidas surgiu ao antropólogo para atender a demandas específicas, como a busca desta *simultaneidade* que já discutimos ao apresentar os conceitos de acorde e de polifonia, e também de outras possibilidades que têm seu lugar na música – como, por exemplo, a apresentação de um tema com seu sucessivo retorno em novos níveis de complexidade (à maneira da forma barroca *Tema e Variações*), ou ainda a possibilidade de apresentar um tema e desenvolvê-lo, para depois novamente retornar a ele (*Forma So-*

---

[174] Abertura é também o nome de uma forma musical que aparece frequentemente nas óperas. Nela, o compositor apresenta os temas musicais que serão empregados na ópera, alguns deles relacionados aos personagens ou situações específicas.

[175] LÉVI-STRAUSS, 2010, p. 33.

nata Clássica). A opção por uma divisão da obra em capítulos não necessariamente simétricos, e cada qual com a sua própria especificidade de forma – ou com o seu próprio modo específico de organização interna – foi o que levou Lévi-Strauss ao audacioso uso de formas musicais na obra *O cru e o cozido* (1964). Também era importante assegurar a um só tempo a sensação de sucessividade e de simultaneidade, o que já vimos atrás que a Música consegue realizar extraordinariamente bem através de recursos composicionais como o da polifonia e de outros elementos de sua linguagem, como os acordes. A necessidade de conciliar sucessividade e simultaneidade aparece claramente na justificativa de Lévi-Strauss para as suas escolhas formais:

> Percebemos também que a ordem de apresentação dos documentos não podia ser linear e que as fases do comentário não se ligavam umas às outras por uma simples relação entre antes e depois. Artifícios de composição eram indispensáveis, para dar às vezes ao leitor a sensação de uma simultaneidade, certamente ilusória, já que continuamos atrelados à ordem do relato, mas da qual podíamos ao menos buscar um equivalente aproximado, alternando um discurso alongado e um discurso difuso, acelerando o ritmo depois de tê-lo baixado, ora acumulando os exemplos, ora mantendo-os separados. Assim, constatamos que nossas análises situavam-se em diversos eixos. O das sucessões, evidentemente, mas também o das compacidades relativas, que exigiam o recurso a formas evocadoras do que são, em música, o solo e o *tutti*; o das tensões expressivas e dos códigos de substituição, em função dos quais apareciam, ao correr da redação, oposições comparáveis àquelas entre canto e recitativo, conjunto instrumental e ária[176].

Com o intuito de mostrar que sua escolha também se relaciona ao caráter de seu objeto de estudo (a mitologia indígena), Lévi-Strauss também discorre sobre aspectos análogos entre o Mito e a Música, mostrando que ambos lidam de uma maneira

---

176 LÉVI-STRAUSS, 2010, p. 33-34.

muito peculiar com o tempo. De todo modo, para a discussão que mais nos interessa neste momento – a saber, a possibilidade de que uma imaginação musical possa vir a beneficiar diversos campos científicos de estudo –, parece-nos legítimo considerar que a diversidade de formas musicais disponíveis aos compositores poderia inspirar também uma renovação das formas textuais utilizadas pelos cientistas ligados aos mais variados campos de saber. O *insight* de Lévi-Strauss, deste modo, merece uma especial atenção.

Somos ainda, nos diversos campos científicos de saber, e mesmo nas ciências humanas, um pouco limitados nas escolhas de nossas formas textuais. O modelo habitual de tese, que costuma perseguir uma única hipótese e se contentar em desenvolver monograficamente um tema único tratado em uma só direção, parece soar como um grande *Bolero* de Ravel. Essa famosa e bela composição musical, elaborada pelo compositor francês Maurice Ravel em 1928, pode ser considerada uma forma monolítica. Ela extrai todo o seu interesse estético de uma progressiva densidade instrumental e de uma sempre crescente dinâmica (i. é, de uma evolução progressiva da intensidade sonora); e, principalmente, do tratamento de um mesmo e único tema a partir de sucessivas modificações na estrutura tímbrica (cada nova sessão da música reapresenta o tema, embora com um novo instrumento conduzindo a melodia). O *Bolero* de Ravel propõe, pode-se dizer, uma coerência absoluta, limitando-se a uma sucessão linear do mesmo tema através de diversos timbres.

De certo modo, não deixa de ser também este o modelo de forma preconizado pela maior parte dos textos de demonstração científica, em especial nas teses e monografias. Não é nada raro que uma obra de antropologia ou sociologia, e em diversos outros campos de saber, empenhe-se em esgotar um tema em uma única direção. O modelo monográfico mais habitual nas academias parece privilegiar claramente essa forma. Seria ela a única forma adequada para a exposição de uma pesquisa científica ou de uma reflexão acadêmica? Antes de prosseguir, será oportuno registrar algumas convenções utilizadas quando estudamos as formas musicais, pois nos valeremos delas mais adiante.

Em Música, costumamos nomear cada uma das seções de uma composição com letras do alfabeto (a, b, c, d etc.). Uma nova letra (uma nova sessão da música) refere-se a um novo ambiente sonoro que se coloca para o ouvinte, dentro da mesma música. O *Bolero* de Ravel, contudo, é uma forma monolítica do tipo A', A'', A''', A'''', e assim por diante. Por outro lado, há outras formas musicais que colocam em jogo mais materiais temáticos. A forma ternária simples, muito usada nas canções, apresenta uma sessão A, uma sessão B, e o retorno de uma sessão A ou A' (utiliza-se a ' [linha] quando uma sessão retorna um pouco modificada, mas não o suficiente para que o ouvinte possa identificá-la como algo propriamente novo). A célebre Forma-Sonata, muito usada pelos compositores clássicos e ainda hoje, também coloca em jogo dois temas distintos, bem contrastantes. Há também formas que, embora trabalhando com um único tema, fazem-no com vistas a instituir mais decisivamente a variedade. A forma Tema e Variações, por exemplo, sempre apresenta na sua seção inicial um tema simples para depois, em suas sucessivas sessões, explorar este mesmo tema de muitas maneiras, variando pelo menos um dos seus aspectos (ritmo, harmonia, melodia, entre outros), tornando-o mais e mais complexo, introduzindo modificações sofisticadas, ou o que mais o compositor possa pensar para instituir uma significativa variedade a partir da unidade temática. De sua parte, a Forma Fuga, muito utilizada pelos compositores do período barroco, também trabalha com o tema único, mas lança mão da polifonia e reapresenta o motivo temático nas diversas vozes instrumentais, além de abordá-lo em distintas tonalidades.

Citei apenas algumas das muitas formas disponíveis aos compositores. Na escrita científica ou acadêmica, como já disse, às vezes fica a impressão de que temos sempre um *Bolero* de Ravel. São trabalhos vigorosos e impressionantes, mas sempre restringidos à mesma forma, ao mesmo padrão de escrita monográfica. Como um todo, parece faltar ao conjunto de trabalhos acadêmicos um pouco daquela ousadia lévi-straussiana que permitiu ao antropólogo belga propor novas formas para o texto que apresenta sua pesquisa e argumentação sobre os mitos indígenas expostos no livro *O cru e o cozido*. Qualquer inovação formal, no meio acadêmico, é frequentemente admoestada. As digressões muito grandes são proibidas em nome de uma concisão e de uma linearidade argumentativa. Os retornos, em outras partes da obra, aos assuntos que já foram discutidos são desaconselhados[177]. Fica aqui a questão. Poderá uma maior interdisciplinaridade com a música ajudar a mudar este quadro de tendências, um dia? Na escrita historiográfica, começamos a ver um pouco a experimentação de novas formas com as chamadas "histórias cruzadas" e as "histórias interconectadas", modelos que já aparecem muito na literatura moderna e no cinema mais recente[178]. A História Comparada, ao contrapor dois recortes distintos de espaço-tempo, também não deixa de suscitar novas experiências formais. O mesmo se pode dizer para outras propostas comparativas, como a sociologia comparada e a educação comparada. Quando se trabalha com duas séries, torna-se imperativo experimentar formas textuais não lineares. Os modelos formais musicais poderão ajudar nesta empresa?

---

177 Já na Música temos formas como o Rondó, que apresenta duas séries que se alternam na composição: a série que reapresenta periodicamente o tema principal, embora desenvolvido de novas maneiras, e a série que sempre introduz novos temas. O esquema desta forma pode ser descrito, em letras, como ABACADAEA etc.

178 O filme *Pulp Fiction* (1994), p. ex., constrói uma forma entrelaçada através da qual consegue "interconectar histórias" nas quais o protagonismo vai se deslocando para diferentes personagens da trama. Outros exemplos são *Crash – No limite* (2004) e *21 gramas* (2003). Além disso, o Cinema já trabalha há muito tempo com a experimentação formal em suas narrativas, com idas e vindas no tempo, desenvolvimentos paralelos, e muitos outros recursos.

32 A Música em interdisciplinaridade com a Física

Gostaria de evocar mais um campo, agora fora das ciências humanas, que também foi, em alguns momentos importantes, beneficiado por uma imaginação musical. Trata-se da Física. É atribuído ao célebre físico alemão Albert Einstein (1879-1955), aliás, um comentário particularmente significativo nesta direção: "se eu não fosse físico, acho que seria músico. Penso em termos de música. Vejo minha vida em termos de música"[179]. Não apenas isso, em outra oportunidade Einstein também fez um comentário revelador em uma entrevista acerca da descoberta da teoria da relatividade:

> Ocorreu-me por intuição e a música foi a força motriz por trás desta intuição. A minha descoberta resultou da minha percepção musical.

É este encontro interdisciplinar – entre a Física e a Música – que gostaria de abordar neste momento final. A ninguém ocorreria contestar, obviamente, que a Física ajuda muito a compreender a Música, uma vez que um de seus objetos de estudo é a produção e propagação das ondas sonoras, e é este fenômeno que está na base do trabalho musical, que não é mais do que a estetização e elaboração artística de ondas sonoras produzidas por instrumentos diversos e articuladas aos diversos aspectos do som musical, como o ritmo, a melodia, a harmonia e o timbre. Posto isto, poderíamos também dizer o inverso? Queremos nos perguntar se poderia a Música, de sua parte, ajudar também a compreender a própria Física.

Antes do mais, podemos lembrar que a sintonia de físicos com a Arte – em suas diversas formas de expressão – não foi incomum na história da Física. Pode-se ressaltar a contribui-

---

[179] Einstein, por sinal, era um bom violinista amador. O exemplo não é isolado. Podemos lembrar também o astrônomo William Herschel (1738-1822), responsável pela descoberta do planeta Urano e da radiação infravermelha, que antes de se dedicar à astronomia havia sido um organista virtuoso, compositor e regente de orquestra.

ção do físico dinamarquês Niels Bohr (1885-1962), um dos consolidadores do pensamento quântico. Bohr era um admirador entusiástico da revolução estética encaminhada pelos pintores Picasso, Braque, Juan Gris e Jean Metzinger[180] na primeira metade do século XX, e imaginou o universo probabilístico dos elétrons como um mundo essencialmente cubista. Em certo momento, ele chegou a afirmar que o *quantum* seria o equivalente físico do cubismo, esta corrente estética que desenvolveu, na pintura, a possibilidade de enxergar um objeto a partir de várias posições ao mesmo tempo. Naturalmente que a teoria quântica e o cubismo desenvolveram-se ao mesmo tempo e de maneira independente, mas o reconhecimento da analogia entre os dois movimentos por um dos pioneiros da perspectiva quântica tem certamente algo a nos dizer em termos de uma abertura para o aspecto interdisciplinar[181].

Somos levados a pensar, agora já novamente com referência à relação entre Física e Música, na interdisciplinaridade que se abre entre ambos os campos a partir das três grandes perspectivas que foram introduzidas pelos físicos a partir do século XX: a Teoria da Relatividade, a Física Quântica e a Teoria das Cordas.

Embora a Relatividade não seja muito diretamente apoiada em conceitos da Música, não deixa de ser interessante observar que seu criador pioneiro, Albert Einstein, tenha se expressado diversas vezes a respeito da inspiração musical que devia à Música por ocasião das intuições que o levaram a pensar relativisticamente. Pensar o espaço e o tempo não mais como âmbitos separados, mas sim como um espaço-tempo no qual as três dimensões espaciais

---

180 Jean Dominique Antony Metzinger (1883-1956), além de pintor, foi um dos teóricos do movimento, sendo autor de artigos que esclarecem e refletem sobre a proposta do cubismo, ao qual aderiu em 1910.
181 De sua parte, os artistas cubistas estiveram atentos à Física de sua época. Marcel Duchamp, em sua fase cubista, pinta o seu quadro "Nu Descendo a Escada" – no qual o personagem não apenas se encontra despido de sua roupa, mas também da sua epiderme – em atenção à tecnologia dos Raios X, descoberta que havia ocorrido em 1895.

se entrelaçam à quarta dimensão temporal formando um único campo gravitacional, já revela a capacidade de pensar acordicamente proporcionada por Einstein – ele mesmo violinista e pianista, além de físico.

Como em um acorde, o espaço e o tempo podem ser pensados (escutados) separadamente, como vinham fazendo os físicos que seguiam o tradicional paradigma newtoniano, mas também podem ser pensados juntos. Já mostramos no momento anterior que esta é uma das propriedades de um acorde: suas várias notas podem ser percebidas separadamente, se direcionarmos nossa escuta nesta direção, ou podem ser percebidas associadas às outras notas do acorde (em setores que revelam os intervalos produzidos por duas ou mais notas). Por fim, o acorde pode ser percebido de uma só vez, em sua totalidade.

Também a proposta da Física Quântica coaduna com este modo musical de pensar a realidade que é proporcionado pela harmonia musical. Podemos lembrar, de saída, que a revolução proporcionada pela Física Quântica teve como um dos seus eventos fundadores a possibilidade de pensar o elétron simultaneamente como partícula e como onda. O modelo quântico ultrapassou o modelo planetário do átomo ao pensar nos termos de probabilidades. Um elétron, ao girar em torno de um núcleo, pode estar simultaneamente em um lugar e em outro, em todos, ou em nenhum. O elétron que gira em torno do núcleo atômico pode ser visto como uma onda probabilística. Nas experiências quânticas, dependendo do modo e momento de observação, o elétron também pode se apresentar como partícula ou como onda.

Não deixa de ser bastante revelador que tenha cabido a mais um físico-músico a ultrapassagem do modelo de imaginação que, a partir de 1911, vinha sendo utilizado para compreender o átomo. Este modelo, que já havia sido um avanço bastante significativo em relação às representações anteriores do átomo, havia sido idealizado pelo físico neozelandês Ernest Rutherford (1871-1937), o primeiro a visualizar os elétrons como miniplanetas de carga negativa a orbitar em alta velocidade em torno do núcleo de carga positiva[182]. Entrementes, não tardaria que esse modelo – o qual considerava os elétrons (somente) como partículas – fosse amplamente superado pela proposta por Louis de Broglie (1892-1987), um jovem físico que também era violinista![183] De Broglie foi capaz de imaginar os elétrons que giravam em torno do núcleo atômico não como propriamente partículas (ou não exclusivamente como partículas), mas sim como verdadeiras ondas orbitais. Esse *insight* estabeleceu definitivamente a possibilidade de pensar a dualidade "onda-partícula" da matéria, abrindo novos caminhos para o desenvolvimento da Física Quântica. Teria sido uma mera coincidência o fato de que foi um físico-músico, acostumado a lidar no exercício de sua arte com ondas sonoras, o principal responsável por extrair todas as implicações da ideia de que os elétrons ora se comportavam como partículas, ora como ondas? Mais ainda, De Broglie foi capaz de visualizar um novo mundo formado por "ondas de matéria", uma vez que a natureza dual dos elétrons e fótons foi logo estendida para as demais partículas atômicas e, em tese, para todos os objetos por elas formados[184].

---

182 O modelo anterior, preconizado pelo físico britânico Joseph John Thomson (1856-1940), visualizava o átomo como uma espécie de "pudim de ameixas" no qual os elétrons de carga negativa ficavam incrustados em um núcleo de carga positiva.

183 Louis de Broglie (1892-1987) iniciou seus estudos de graduação, na Sorbonne, em 1909, no curso de História, mas logo se transferiu para o curso de Física. Sua teoria sobre a dualidade onda-partícula foi apresentada em sua Tese de doutorado, em 1924, o que lhe granjeou o prêmio Nobel em 1929.

184 A partir da formulação de De Broglie, inúmeros experimentos foram feitos com vistas a explicitar a dualidade da onda-matéria, em especial demonstrando que o observador necessariamente modificava o comportamento do objeto observado. Assim, o paradoxo da dualidade onda-partícula pode ser resumido de acordo com as palavras de Bruce Rosenblum: "Olhando de uma certa maneira, podia-se demonstrar que um átomo é um objeto compacto, concentrado em um único lugar. No entanto, olhando de maneira diferente, podia-se demonstrar exatamente o contrário. Podia-se mostrar que o átomo não é um

Se para o senso comum, e mesmo para a física mais tradicional (paradigma newtoniano), há obstáculos conceituais que dificultam bastante a possibilidade de compreender que um objeto pode ser duas coisas ao mesmo tempo (onda e partícula), já para os músicos a dualidade (e a multiplicidade) fazem efetivamente parte de diversas de suas práticas. Certos conceitos da música afrontam criativamente as regras cotidianas do mundo físico dos objetos. Se o princípio da impenetrabilidade da matéria diz que dois corpos não podem ocupar um mesmo espaço no mesmo tempo, com os acordes musicais, conforme já vimos anteriormente, o que ocorre é precisamente que várias notas podem ocupar o mesmo lugar, interpenetrando-se e interferindo umas nas outras de modo a produzir uma simultaneidade sonora.

Um detalhe interessante, aliás, deve ser observado. Vários sons podem caber no mesmo lugar (o acorde); por outro lado, um único som (uma nota isolada) também pode ocupar vários espaços ao mesmo tempo, se considerarmos que um mesmo som pode ser escutado em vários lugares no momento mesmo em que é emitido[185]. Um flautista, por exemplo, pode tocar uma melodia em um ambiente fechado ou semiaberto, e ouvintes situados em ambientes distintos podem escutar esta melodia no instante mesmo em que ela é tocada, embora não possam ver o músico que a está produzindo. Dito de outro modo, a música – beneficiando-se da difração que é característica dos fenômenos ondulatórios – ocupa vários lugares simultaneamente, embora os músicos que a produzem, rigorosamente falando, estejam sempre em um único lugar.

---

objeto compacto, que é uma onda espalhada sobre uma larga região" (ROSENBLUM & KUTTNER, 2017, p. 12).

185 Isso sem mencionar que o som atravessa o tempo. Sofisticados instrumentos físicos, nos dias de hoje, conseguem captar até mesmo as ressonâncias dos ruídos produzidos no *Big Bang*, no início da formação de nosso universo. Além disso, a obra de arte musical também atravessa o tempo, em sucessivas reinterpretações.

Voltemos, entrementes, aos acordes. Além da sua pluralidade simultânea, já comentamos que a atenção auditiva pode extrair várias situações distintas de um mesmo acorde. Podemos escutá-lo em sua totalidade, mas podemos também direcionar nossa audição para apreender setores separados deste acorde (intervalos produzidos pela combinação de dois ou mais dos sons que dele fazem parte). Por fim, se este for o direcionamento de nossa escuta, podemos prestar atenção em uma única nota dentro da totalidade acórdica. Para isto, basta ter algum treino auditivo. A possibilidade de extrairmos diferentes audições de um simples acorde, tanto para o músico como para o ouvinte, não deixa de ser uma abertura de horizontes para a dualidade. Escutar o acorde na sua totalidade equivale a percebê-lo como o fenômeno que engloba todas as possibilidades. Escutar apenas uma única nota escolhida no interior do acorde, através de uma observação (uma escuta) dirigida, equivale a apreender a nota em uma posição e materialidade específicas.

Estou lidando muito livremente com esta analogia, pois a minha intenção é apenas a de aqui evocar um modo de percepção múltipla da realidade que é facilmente proporcionado àqueles que praticam (e escutam em um maior nível de profundidade) a música. Em termos simples, o acorde, além de ser uma realidade sonora compósita, permite ao ouvinte a dualidade ou multiplicidade de percepções. Como nas experiências de observação de feixes de elétrons realizadas pela Física Quântica, é o observador (o ouvinte) quem define o que o acorde oferecerá para a sua escuta.

Para um músico acostumado com as dualidades e multiplicidades de sons que se combinam no interior de uma harmonia não é difícil aceitar, contra o senso comum, a dualidade onda- -partícula, e tampouco outras aparentes ambiguidades do mundo físico que foram identificadas pela Física Quântica. Na Música – com a utilização de texturas polifônicas e com a profundidade harmônica oferecida pelos acordes formados por diversas notas – somos habituados a perceber uma realidade na qual diversas coisas acontecem ao mesmo tempo, e, ademais, onde as contradições (as dissonâncias) harmonizam-se esteticamente. Na Música, as contradições não são vistas como inconsistentes: são trabalhadas esteticamente.

Existe um modo musical de imaginação – é o que sustento aqui – que habitua à percepção da diversidade, da convivência e harmonização dos contrários, das escolhas feitas no interior de um universo sonoro mais amplo. A Música, por assim dizer, abre caminhos para um novo padrão de consciência. Com relação à possibilidade de compreender com clareza a dualidade onda-partícula, será que não teria sido esse modo musical de imaginação o que auxiliou o físico-músico Louis de Broglie a imaginar a Física de uma nova maneira?

A Física Quântica, enfim, firmou-se como uma das perspectivas fundamentais da Física contemporânea. Antes de prosseguirmos, aliás, é interessante lembrar que este novo paradigma científico também tem sido compreendido como um benefício para a proposta da transdisciplinaridade. Assim, o documento final do congresso internacional *Ciência e Tradição – Perspectivas Transdisciplinares para o Século XXI*, realizado em Paris em 1991, cita a Física Quântica como uma revolução epistemológica a partir da qual, surpreendentemente, "um diálogo capital, cada vez mais rigoroso e profundo, entre a ciência e a tradição pode então ser estabelecido a fim de construir uma nova abordagem científica e cultural: a transdisciplinaridade"[186].

Prosseguindo nossa reflexão sobre os *insights* acerca das relações possíveis entre fenômenos musicais e a Física não foram nada incomuns neste último campo de saber. Por um lado, podemos considerar que as analogias musicais podem beneficiar a

---

186 "Ciência e Tradição: Perspectivas Transdisciplinares para o Século XXI – Comunicado Final" (Paris: Unesco, 1991). Documento redigido por BERGER, CAZENAVE, FREITAS e NICOLESCU e incluído na coletânea SOMMERMAN (org.), 2002, p. 191-192.

investigação em Física, fornecendo-lhe novos modos de ver as coisas e de agir com relação a elas. Este é um aspecto da interdisciplinaridade entre os dois campos. Por outro lado, coloca-se em debate se o próprio universo não apresentaria, ele mesmo (e não apenas as suas possíveis representações), uma espécie de caráter musical[187].

Pensemos, por enquanto, nos diversos espaços interdisciplinares que se abrem com a impressionante Teoria das Cordas – uma proposta teórica ainda mais moderna que se apoia nesta mesma "dualidade onda-partícula" e que descreve cada uma das partículas elementares como ondas de harmônicos de microcordas vibrantes. Aqui, a Física encontrou e reencontra a Música nos diversos exemplos e analogias que costumam ser evocados pelos físicos ligados a este novo paradigma, particularmente quando desejam divulgar para o grande público os princípios essenciais da Teoria das Cordas. Michio Kaku (n. 1947), um dos físicos que mais tem contribuído para a difusão da Teoria das Cordas em um público mais amplo, costuma dizer que "o Universo é uma sinfonia de cordas vibrantes"[188]. Pode-se facilmente entender a validade desta imagem quando tentamos compreender a perspectiva da física das cordas nos seus aspectos fundacionais.

A Teoria das Cordas, como a Música, coloca no centro de suas operações e compreensão a propriedade da vibração como fenômeno capaz de produzir todo um universo. Da perspectiva dos músicos, a vibração produz os sons que serão transformados

---

187 Este debate é antigo, e remete nos seus primórdios aos filósofos pitagóricos, que entre outras possibilidades especularam sobre a célebre "música das esferas", um conjunto de sons emitidos pelos corpos celestes em seu movimento cósmico. Entre os físicos contemporâneos, merece destaque a perspectiva desenvolvida pelo físico (e jazzista) Stephon Alexander, que escreveu um livro que tem um título que já diz tudo: *O Jazz da Física – A ligação secreta entre a música e a estrutura do universo* (2016).

188 O título de um artigo de Michio Kaku é precisamente este: *The Universe is a Symphony of Strings* [Disponível em http//bigthink.com/dr-kakus-universe/the-universe-is-a-symphony-of-vibrating-strings].

em música e em um mundo de sonoridades que é convertido em arte. Na Física da Teoria das Cordas, a vibração é o fenômeno fundador do próprio universo manifestado. Para ela, os elementos primordiais na constituição do Universo, conforme veremos a seguir, são os minúsculos filamentos de energia que, de acordo com o modo como vibram, produzem todas as partículas de matéria-energia e de força que se combinam ou interagem de alguma maneira para produzir tudo o que existe.

Explicar a totalidade, aliás, é um horizonte possível para a teoria das cordas. Foi na sua busca de compreensão simultânea do microespaço atômico e do macroespaço cósmico que, nas últimas décadas, consolidou-se esta teoria que, a certa altura do seu desenvolvimento, postulou a possibilidade de se afirmar como uma "teoria de tudo" (uma teoria capaz de explicar essencialmente todos os fenômenos que acontecem no universo, do universo quântico das partículas microatômicas à formação das estrelas e buracos negros).

De acordo com a Teoria das Cordas, se pudermos de alguma maneira afinar o olhar na direção do inimaginavelmente pequeno, ampliando e aprofundando cada vez mais a nossa visão, iremos encontrar em certo momento moléculas, depois átomos, em um nível ainda menor os quarks e, por fim, o elemento último (ou primeiro) que constitui todas as manifestações energéticas e materiais do universo: as cordas.

As cordas seriam pequeníssimos filamentos energéticos abertos ou circulares que estão sempre vibrando. Conforme o modo como vibram, as cordas produzem tudo o que existe. O conjunto de vibrações de todas as minúsculas cordas constitui a música do universo, por assim dizer. Conforme uma corda vibra, pode-se produzir um próton, um nêutron, um elétron, um fóton, os vários bósons conhecidos, e assim por diante. A Teoria das Cordas é complexa, e não será minha pretensão explicá-la aqui. Estamos apenas registrando a interdisciplinaridade que a acolhe ou pode lhe dar suporte. Estamos acostumados a pensar nas vibrações das cordas como produtoras dos sons que saem de inúmeros instrumentos musicais. Certos físicos, contudo, ousaram pensar nas cordas primordiais (ou nestes minúsculos filamentos que funcionam como cordas) como produtoras de vibrações que dão origem ao próprio universo manifestado, com tudo o que existe! Aliada a uma elegante matemática, esta teoria tem se apresentado como uma promessa com vistas a explicar simultaneamente o universo quântico e o universo cósmico.

Também alguns dos físicos que investigam o momento primordial de criação da matéria no universo – entre eles o físico e músico jazzista Stephon Alexander – têm explorado a ideia de que o nosso universo conhecido foi gerado a partir de vibrações que originaram o plasma primordial. Neste caso, avança-se não apenas pelo âmbito de utilização de analogias musicais para compreender a física, mas também na direção de compreender a própria natureza musical do universo. A entender por aqui, o som está na própria origem do Universo manifestado. Além disso, ao lado de sua função geracional e criadora em relação ao Universo manifestado, o som é ainda responsável por sustentar subsequentemente o universo, pois além da vibração primordial "o próprio universo é também fundamentalmente ondulatório e pode ser representado como uma evolução temporal de formas de ondas sonoras". "Tudo no Universo, inclusive o espaço-tempo que o suporta, deve vibrar ou oscilar"[189].

Curiosamente, aqui encontramos – com a recente hipótese cosmológica de um som ou vibração primordial que teria dado origem a tudo o que existe – uma ideia que é análoga à intrigante sugestão bíblica de que "no princípio, era o Verbo". De igual maneira, os sufis – uma antiga corrente mística e contemplativa ligada ao Islã – reconhecia a existência de um som primordial por eles denominado "saute surmad", o qual poderia ser definido

---

189 ALEXANDER, 2010, p. 281.

como "o som que preenche o cosmos". Analogamente, os textos sagrados dos hindus também mencionam um som primordial, o "anahad nad"[190].

Encerramos este último capítulo evocando, depois de todo o caminho percorrido, os benefícios que podem decorrer de se pensar um certo campo de saber através de um modo de imaginação relacionado ou derivado de outro campo. Pensar musicalmente a Física – assim como pensar musicalmente a História ou a Antropologia (ou, de igual maneira, pensar a Música antropologicamente, historiograficamente etc.) – pode contribuir não só para o enriquecimento de um campo através dos aportes teóricos e metodológicos inspirados no outro. Como vimos no último item, as inspirações musicais levaram a descobertas na Física, à possibilidade de levantar novas hipóteses ou de propor novos sistemas de compreensão para questões fundamentais como a origem ou estrutura do universo.

Também é perfeitamente possível investir no caminho inverso. Pode-se citar o músico John Coltrane (1926-1967), que, nos discos produzidos em seu último ano de vida (*Stelar Regions, Inteterestelar, Cosmic Music, Jupiter Variations*), explorou a possibilidade de pensar astrofisicamente a sua música[191]. Coltrane não apenas tematizou a astrofísica, como Gustav Holst (1874-1934)

---

190 Há mais ainda. Vem ao encontro de mais outra concepção mítica outra das proposições da Física recente, a da chamada "cosmologia cíclica", a qual prevê que o Universo vem sendo eternamente submetido a uma alternância de contrações e expansões, daí se produzindo em escala cósmica um jogo de infinita destruição e recriação. A antiga cosmologia hindu já falava nos ciclos de Brahma, através dos quais o Universo é criado e destruído incessantemente com um ritmo regular de muitos bilhões de anos. Para a reflexão sobre a natureza musical do universo, esse pulsar cósmico que alterna inflação e recolhimento também pode ser pensado como uma vibração regular, o que estende para uma outra escala, muito mais abrangente, a perspectiva da oscilação cósmica.

191 Esta é uma tese levantada pelo físico e jazzista Stephon Alexander em seu livro *O jazz da Física* (2010, p. 295).

na célebre série *Os planetas* (1916), mas pensou astrofisicamente a música, o que constitui outro gesto[192].

Há ainda exemplos, na história das ciências, em que a utilização de um modo de imaginação típico de um campo para enxergar o outro proporcionou não apenas descobertas a este último campo, mas também retroagiu para o primeiro, já o modificando. Um exemplo clássico é o de John Dalton (1766-1844), que, ao investir na proposta de imaginar quimicamente a Meteorologia e a Física, com vistas a resolver certos problemas específicos, terminou por renovar a própria Química, ensejando a descoberta do moderno atomismo e permitindo que a comunidade científica alcançasse uma nova compreensão sobre a estrutura da matéria.

O convite, que estes e outros exemplos nos proporcionam, é o de não apenas percorrer as ligações entre um campo e outro através de suas habituais pontes interdisciplinares (teoria, método, discurso, temáticas compartilhadas, pesquisadores de múltipla formação, equipes multidisciplinares), mas também investir nos modos interdisciplinares de imaginação.

---

192 De Gustav Holst, de sua parte, pode-se dizer que este compositor inglês investiu, em muitas oportunidades, em uma imaginação mística da música (em *Os planetas*, inclusive, pode-se dizer que se apresenta mais uma leitura astrológica do que astronômica sobre o tema).

Coda

A música da Interdisciplinaridade

Comecei este livro com uma metáfora: "pensar fora da caixa". Gostaria de encerrá-lo com outra, ainda mais estimulante, a da "música da interdisciplinaridade". Conforme este outro movimento de imaginação, podemos pensar os diversos campos de saber não como caixas de paredes menos ou mais flexíveis, mas como instrumentos ou vozes musicais que tocam cada qual a sua música. Dois campos de saber ou mais, nesta analogia, podem tocar duetos, trios, quartetos, ou interagir em algum momento, como ocorre na música com as diversas vozes que se entrelaçam polifonicamente para a produção de uma música maior. Podemos pensar metaforicamente em sinfonias interdisciplinares se considerarmos que os mais variados campos de saber podem se envolver harmonicamente com vistas ao encaminhamento de um projeto, para elaboração de um livro, ou para a realização de uma pesquisa a muitas mãos.

Vimos em uma das seções deste livro a potencialidade da metáfora do "acorde", uma noção muito bem conhecida de qualquer músico, mas que também poderia ser aplicada a outros universos de práticas e saberes (como de fato o foi, a exemplo dos perfumistas e pintores, que também passaram a pensar em acordes olfativos e acordes cromáticos). Estendendo a metáfora para novos usos além dos que propus em um capítulo anterior deste livro, podemos também pensar perfeitamente nos "acordes interdisciplinares", sejam estes "tríades", "tétrades", ou configurações ainda mais inclusivas de campos de saber diversificados.

Os acordes interdisciplinares ocorrem quando já não podemos ou não queremos resolver um determinado problema ou desenvolver certo projeto no interior de uma única disciplina. Posso evocar o exemplo de uma obra muito conhecida: a *Geografia da fome*, de Josué de Castro (1946). Embora o campo da Geografia tenha sido escolhido para aparecer no título pelo seu autor – um médico que conhecia o problema da fome em uma perspectiva ampla e realmente interdisciplinar –, a verdade é que este famoso livro é uma obra de Geografia, História, Sociologia, Antropologia, Economia, Nutrição e Medicina Social, se é que não esqueci mais algum outro campo de saber que faça parte do acorde interdisciplinar utilizado pelo autor para compor essa fascinante e imprescindível obra que já é um clássico.

Um exemplo interessante no âmbito da Física é proporcionado pelo livro *O jazz da Física* (2010), escrito pelo físico e musicista jazzista Stephon Alexander – uma obra na qual o autor nos mostra que a música pode proporcionar analogias renovadoras para os físicos, permitindo com que eles enxerguem as coisas de uma nova maneira (ou, em outras palavras, pensem fora da caixa). Além disso, o autor também investiga a natureza musical do próprio Universo.

Experiências como estas podem ser realizadas em diversos campos de saber, e também na interconexão entre diversas disciplinas. Não é incomum o diálogo entre duas disciplinas com vistas à oportunidade de ampliar os horizontes de possibilidades de uma delas (ou de ambas). Em diversas situações podemos trabalhar desta maneira, *interdisciplinarmente*, com dois campos de saber (um dueto), mas em determinado momento somos tentados a introduzir um novo campo que permite entretecer com maior fluidez a mediação entre ambos, formando-se então uma espécie de tríade.

Experimentei essa possibilidade em um livro que publiquei recentemente, no qual comecei por trabalhar sistematicamente com a interdisciplinaridade entre História e Geografia[193], sem que fosse realmente possível dizer se se tratava de uma obra que partia da História em direção à Geografia, ou vice-versa. Em certo momento, senti-me instado em introduzir a Música, pois em trabalhos anteriores eu já havia aplicado alguns conceitos da Música no campo da História (acorde, polifonia etc.)[194], e percebi que também podia aplicá-los na Geografia e, mais ainda, na interdisciplinaridade entre Geografia e História. Formou-se, então, uma tríade. A imaginação musical auxiliou-me, mais uma vez, terminando por me proporcionar uma mediação importante entre os dois outros saberes. Em termos mais simples, posso dizer que a Música ajustou-se como um mediador teórico extremamente interessante entre a História e a Geografia, particularmente através da utilização do já discutido conceito de *acorde* para a compreensão de aspectos como as paisagens, já que estas podiam ser vistas como superposições interativas de elementos diferentes, ligados a variadas temporalidades.

Outro exemplo interessante, agora originário das antes chamadas ciências exatas, é o que nos foi brilhantemente oferecido pela pesquisa sobre a história do clima desenvolvida pelo meteorologista e geofísico Hans Neuberger (1910-1996) – mais um dos vários cientistas interessados em arte.

Envolvido com o objetivo de analisar as variações climáticas ao longo da história (ou seja, integrando já de saída a História e a Climatologia em uma perspectiva interdisciplinar), a certa altura Neuberger concebeu a possibilidade de trazer a Pintura (uma

---

193 Trata-se da obra *História, Espaço, Geografia*, também publicada pela Editora Vozes (BARROS, 2017).

194 Cf., p. ex., o quarto volume da série *Teoria da História* (BARROS, 2011c), no qual utilizei a noção de acorde como possibilidade de representar a complexidade teórica dos diversos pensamentos autorais. O volume, não por acaso, intitulou-se Acordes Historiográficos.

forma de expressão artística, portanto) para a mediação entre estes dois saberes. Usando como mediador metodológico a análise da produção pictórica – ou, mais especificamente, a análise da arte dos gravuristas do período moderno –, ele examinou mais de 12.000 iconografias elaboradas por diferentes artistas entre 1400 e 1967 (ano em que publica sua pesquisa). Para tal, percorreu 41 museus europeus e estadunidenses[195].

A proposta de Hans Neuberger foi a de examinar as representações de nuvens nestas 12.000 gravuras – certamente uma correlação que se apresenta mais válida até fins do século XIX, quando vigora na pintura o predomínio do paradigma de que a arte devia representar a natureza[196]. O autor pôde examinar, assim, através das representações pictóricas, a identificação artística de pequenos aumentos graduais de nebulosidade entre períodos como o que se estendeu do início do século XV até meados do século XVI, bem como os momentos em que ocorreram aumentos bruscos da presença de nuvens baixas no conjunto de representações gravuristas, e assim por diante.

O estudo de Neuberger, diga-se de passagem, é bem criterioso, e examina as realizações artísticas tanto no contexto do ambiente artístico e das escolas que as produziram – ou seja, de acordo com a perspectiva da própria História da Arte – como no contexto climatológico que pôde ser conhecido a partir de informações meteorológicas registradas em cidades centrais que foram definidas como estações representativas para a verificação do ambiente climático referente a cada caso. Deste modo, pode-se dizer que Neuberger cruzou, criativamente, uma série de informações pictóricas – relativas aos pintores, seus estilos, suas escolas, datação e conteúdo iconográfico de cada obra – e uma série constituída por informações e índices meteorológi-

---

195 Sobre esta pesquisa, cf. FAGAN, 2000, p. 201.

196 Uma exposição de resultados pode ser encontrada no artigo "Clima em Arte", escrito por Neuberger para a revista *Weather* (1970, p. 46-56).

cos pesquisados em projeções climatológicas retroativas e nos arquivos e documentação específica já tradicionais neste tipo de estudo [197].

Não estou discutindo propriamente os resultados alcançados pela minuciosa pesquisa de Neuberger, mas principalmente a ideia central que a ampara. A esta tríade interdisciplinar já formada por História, Climatologia e Pintura, o pesquisador acrescentou, como quarta nota do acorde, o recurso da Estatística, já que, através deste campo de procedimentos, poderia examinar as variações graduais e repentinas no conjunto de representações de nuvens. O que quero evocar, com este exemplo, é que uma nova perspectiva para o estudo da história do clima foi produzida exatamente porque o pesquisador estendeu o seu olhar (ou a sua escuta) para um acorde interdisciplinar mais criativo.

Combinações as mais diversas podem ser feitas com vistas à integração de diferentes campos disciplinares, inclusive harmonizando ciências que estão situadas em campos distintos no quadro dicotômico que divide as ciências humanas, de um lado, e as ciências naturais e exatas, de outro. É possível ainda, tal como vimos no exemplo anterior, compor um acorde interdisciplinar que integre disciplinas ligadas à ciência e à arte. Em cada caso o pesquisador, ao se empenhar em escolher o seu acorde interdisciplinar em função dos desafios científicos que pretende enfrentar, pode ser comparado ao músico que escolhe cuidadosamente as notas que conformarão cada um dos acordes que fazem parte

---

197 Deve-se ressaltar que a perspectiva introduzida por Neuberger é dual. Por um lado, apoia-se em um novo tipo de fontes para o enriquecimento de um estudo da história do clima que já existia consolidadamente no âmbito da Climatologia, e que Neuberger conhecia muito bem. Por outro lado, a proposta permite ser vista também como um estudo no âmbito da História da Arte, pois através desta pesquisa o autor também estava se propondo verificar se os pintores nos diversos espaço-tempos – cada qual ligado ao seu contexto social e profissional – retrataram o clima de maneira coerente. A Climatologia, desta maneira, torna-se também uma ferramenta interdisciplinar utilizada para enriquecer a perspectiva da História da Arte. Enxerga-se uma coisa através da outra: a Climatologia através da Arte, e a Arte através da Climatologia.

de sua composição musical. Diante de cada um de nós – contra todos os estímulos correntes que costumamos receber intensivamente para que nos limitemos a apenas trafegar comportadamente o pequeno rio da nossa aldeia – estende-se um vasto oceano de possibilidades a ser audaciosamente explorado.

Pensar o conhecimento como uma vasta, complexa e interminável sinfonia leva-nos também a pensar a música da interdisciplinaridade, última metáfora que quero aqui evocar. Não se trata apenas de "pensar fora da caixa", mas deixar mesmo que flua uma música sem travas, barreiras e silenciadores, com seus múltiplos diálogos internos, com sua generosa polifonia interior. Podemos conservar nossos campos de saber e disciplinas – tal como se disse, a interdisciplinaridade não é um movimento para destruir as disciplinas, mas sim para colocá-las efetivamente em diálogo –, mas isso não impede que estas disciplinas e diversificados campos de práticas atuem sinfonicamente, harmonicamente, *musicalmente*, por assim dizer.

A integração das várias disciplinas na música da interdisciplinaridade pode se dar, como vimos neste livro, de diversas maneiras: com a confluência de praticantes e profissionais oriundos de vários campos, com a exploração das eventuais formações duplas ou múltiplas em um mesmo pesquisador; com projetos curriculares ou científicos que integrem os diversos saberes; com a assimilação, em uma certa pesquisa, de outros saberes através daqueles diferentes caminhos de conexão que neste livro denominei "pontes interdisciplinares".

Tal como exemplifiquei em alguns momentos neste livro, é também possível surpreender os problemas e objetos típicos de um campo com um olhar vindo de outro. Em uma palavra, trata-se de enxergar um campo disciplinar a partir do olhar e dos modos de imaginação inerentes a um outro – ou, vale dizer, pode-se pensar na possibilidade de utilizar um campo disciplinar como ferramenta para enxergar outro campo a partir de ângulos e dimensões até então não previstos. Por fim, tal como foi ressaltado nos últimos exemplos evocados nesta pequena coda, podemos ser ainda mais audaciosos ao trabalhar com a perspectiva dos "acordes interdisciplinares".

Deixar que soe livre e desimpedida a música da interdisciplinaridade, sobretudo, é não reprimir as propostas que surjam neste sentido, e ousar deixar que também estas sejam contempladas nos financiamentos à pesquisa e ao ensino, pois não é segredo que o ambiente acadêmico privilegia, junto com a hiperespecialização, o pensar dentro da caixa.

Referências

AGAZZI, E. *Cultura scientifica e interdisciplinarità*. Bréscia: La Scuela, 1990.

ALEXANDER, S. *O jazz da Física* – A ligação secreta entre a música e a estrutura do universo. Lisboa: Gradiva, 2016.

AMBRÓSIO, U. "A metáfora das gaiolas epistemológicas e uma proposta educacional". In: *Perspectivas da Educação Matemática*, vol. 9, n. 20, 2016, p. 222-234.

ANKERSMIT, F.R. "Historiografia e Pós-modernismo". In: *Topoi* – Revista de História, vol. 2, n. 2, 2001a. Rio de Janeiro: UFRJ [original: 1989].

_____. "Resposta a Zagorin". In: *Topoi* – Revista de História, vol. 2, n. 2, 2001b, p. 153-173. Rio de Janeiro: UFRJ [original: 1990].

ANTISERI, D. "Breve nota epistemológica sulla interdisciplinarità". In: *Orientamenti Pedagogici*, n. 4, 1975, p. 774-776.

_____. *El fundamenti epistemologici del lavoro interdisciplinare*. Roma: Armando: 1972.

BAKHTIN, M. *Problemas da poética de Dostoiévski*. Rio de Janeiro: Forense Universitária, 2008.

BARROS, J.D'A. *História, Espaço, Geografia*. Petrópolis: Vozes, 2017.

_____. *Os Conceitos* – Seus usos nas ciências humanas. Petrópolis: Vozes, 2016.

_____. *História Comparada*. Petrópolis: Vozes, 2014.

_____. *A expansão da História*. Petrópolis: Vozes, 2013a.

_____. *O Tempo dos Historiadores*. Petrópolis: Vozes, 2013b.

_____. *Teoria da História* – Vol. V: A Escola dos Annales e a Nova História. Petrópolis: Vozes, 2012.

_____. *Teoria da História* – Vol. I: Princípios e conceitos fundamentais. Petrópolis: Vozes, 2011a.

_____. *Teoria da História* – Vol. III: Os paradigmas revolucionários. Petrópolis: Vozes, 2011b.

_____. *Teoria da História* – Vol. IV: Acordes historiográficos. Petrópolis: Vozes, 2011c.

_____. "Da História Pré-científica à constituição de uma nova matriz disciplinar". In: *Recôncavo*, n. 1, 2011d, p. 20-43.

_____. "O conceito de alienação no jovem Marx". In: *Tempo Social*, vol. 23, n. 1, 2011e, p. 223-245.

_____. "Arte é coisa mental – Reflexões sobre o pensamento de Leonardo da Vinci sobre a Arte". In: *Poiésis*, n. 11, 2008a, p. 71-72.

_____. "Arte e conceito em Josep Kosuth". In: *Digital Art*, ano VI, n. 10, 2008b.

_____. *O campo da História*. Petrópolis: Vozes, 2004.

BARTH, F. "Os grupos étnicos e suas fronteiras". In: *O guru, o inunciador, e outras variações antropológicas*. Rio de Janeiro: Contracapa, 1998, p. 25-67.

BECKER, H.S. *Segredos e truques da pesquisa*. Rio de Janeiro: Zahar, 2007 [original: 1998].

BIANCHETTI, L. & JANTSH, A. (orgs.). "Interdisciplinaridade: para além da filosofia do sujeito". In: *Interdisciplinaridade*: para além da filosofia do sujeito. Petrópolis: Vozes, 2004, p. 11-24.

BLOCH. M. *A sociedade feudal*. Lisboa: Ed. 70, 1982 [original: 1939].

_____. *Apologie pour l'Histoire ou metier d'historien*. Paris: A. Colin, 1974 [versão em português: *Apologia da História*. Rio de Janeiro: Zahar, 2001] [original: 1941-1942].

_____. "Pour une histoire comparée des sociétés européenes". In: Mélanges historiques. Paris: 1963, tit. I, p. 15-50 [original: 1928].

_____. "Comparaison". Bulletin du Centre International de Synthèse, n. 9, jun./1930. Paris.

BOURDIEU, P. Os usos sociais da Ciência – Por uma sociologia clínica do campo científico. São Paulo: Unesp, 2003 [original: 1997].

BRAUDEL, F. "História e Ciências Sociais: a longa duração". In: NOVAIS & SILVA (orgs.). Nova História em perspectiva. São Paulo: Cosac & Naify, 2011, p. 87-127.

_____. O Mediterrâneo e o Mundo Mediterrânico. São Paulo: Martins Fontes, 1984 [original: 1949, revisto em 1965].

_____. "Personal Testimony". In: The Journal of Modern History, vol. 44, n. 4, dez./1972. Chicago: The University of Chicago Press.

BURKE, P. A Escola dos Annales – A revolução da historiografia. São Paulo: Unesp, 1991.

BURKE, P. & PORTER, R. (orgs.). Línguas e jargões. São Paulo: Unesp, 1997.

BURGI, M. & GIMMI, U. "Three objectives of historical ecology: the case of a litter collecting in Central European forests". In: Landscape Ecology, vol. 22, 2007, p. 77-87.

CASTILLO, J.J. "El paradigma perdido de la interdisciplinariedad: volver a los clássicos". In: Política y Sociedad, n. 26, 1987, p. 143-155.

CASTRO, J. Geografia da fome. Rio de Janeiro: Antares, 1983 [original: 1946].

CERTEAU, M. "A Operação Historiográfica". In: A escrita da História. Rio de Janeiro: Forense Universitária, 1982, p. 65-119 [original: 1974].

CHARAUDEAU, P. & MAINGUENEAU, D. Dicionário de Análise do Discurso. São Paulo: Contexto, 2004.

CHARTIER, R. À beira da falésia: a história entre incertezas e inquietudes. Porto Alegre: UFRGS, 2002.

_____. *A História Cultural*: entre práticas e representações. Lisboa: Difel, 1990.

CHESNEAUX, J. "Desencavar o território do historiador: que pluridisciplinaridade?" In: *Devemos fazer da História tabula rasa do Passado?* São Paulo: Ática, 1995 [original: 1976].

CHEVALIER, J.-C. "A língua: linguística e história". In: LE GOFF, J. & NORA, P. (orgs.). *História*: novos objetos. Rio de Janeiro: Francisco Alves, 1976, p. 84-98.

CICERO, M.T. *Tusculanae Disputationes.* Harvard: Harvard University Press, 1971 [trad.: E.J. King].

CIURANA, E.R. "Complexidade: elementos para uma definição". In: CARVALHO & MENDONÇA (orgs.). *Ensaios de complexidade 2.* Porto Alegre: Sulina, 2003, p. 48-63.

COLLINGWOOD, R.G. *A ideia de História.* Lisboa: Presença, 2001 [original: 1946].

CRANE, D. "Social Structure of a Group of Scientists". In: *American Sociological Review*, XXXIV, 1969, p. 335-352. [1969].

CROCE, B. *A História reduzida ao conceito geral de Arte* [original: 1893].

CUNHA, F.S. *História e Sociologia.* São Paulo: Autêntica, 2007.

DA VINCI, L. *Os escritos de Leonardo da Vinci sobre a pintura.* Brasília: UnB, 2000 [org.: Eduardo Carreira].

DILTHEY, W. (1948). *Introducción a las Ciencias del Espíritu.* Madri: Espasa-Calpe [original: 1883].

DOSSE, F. *A História em migalhas.* São Paulo: Ensaio, 1994 [original: 1987].

FAGAN, B. *O longo verão* – Como o clima mudou a civilização. Lisboa: Ed. 70, 2004.

_____. *The Little Ice Age*: How climate made history, 1300-1850. Nova York: Basic, 2000.

FAZENDA, I. *Interdisciplinaridade*: Didática, práticas de ensino e Direitos Humanos. Fortaleza: EdUECE, 2015, p. 1-12.

_____. *Interdisciplinaridade*: Qual o sentido? São Paulo: Paulus, 2003.

_____. *Dicionário em construção*: interdisciplinaridade. São Paulo: Cortez, 2001.

_____. *Interdisciplinaridade*: história, teoria e pesquisa. Campinas: Papirus, 1999.

FAZENDA, I. (org.). *O que é Interdisciplinaridade*. São Paulo: Cortez, 2008 [reedição: 2015].

_____. *Didática e Interdisciplinaridade*. Campinas: Papirus, 1985 [reedição: 1998].

FAZENDA, I. & FERREIRA, N.R. (orgs.). *Formação de docentes interdisciplinares*. Curitiba: CVR, 2013.

FEBVRE, L. *Combates pela História*. Lisboa: Presença, 1989 [original: 1953].

_____. *A Terra e a evolução humana* [La terre et l'évolution humaine, 1922].

FOUCAULT, M. *A ordem do discurso*. São Paulo: Loyola, 1996 [original: 1970].

_____. *A microfísica do poder*. Rio de Janeiro: Graal, 1985 [original: 1976].

FOURIER, C. "Le nouveau monde industriel et societaire". In: *Oeuvres Completes*. Vol. VI. Paris: Anthropos, 1968 [original: 1829].

_____. "Theorie des quatre mouvements". In: *Oeuvres Completes*. Vol. I. Paris: Anthropos, 1966 [original: 1808].

_____. "Theorie de l'unité universelle". In: *Oeuvres Completes*. Vols. II, III, IV, V. Paris: Anthropos, 1966-1968 [original: 1822-1823].

GADAMER, H.-G. *Verdade e método*. Petrópolis: Vozes, 2008 [original: 1960].

_____. *O problema da consciência histórica.* Rio de Janeiro: FGV, 1996 [original: 1957].

GAUCHET, M.A. "Les lettres sur l'histoire de France de Augustin Thierry". In: NORA, P. (org.). *Les lieux de memoire.* Paris: Gallimard, 1986, tit. III, p. 217-316.

GINZBURG, C. "Sobre Aristóteles e a História, mais uma vez". In: *Relações de força.* São Paulo: Companhia das Letras, 2002 [original da coletânea: 2000; original do artigo: 1999].

_____. "*Ekphrasis* e Citação". In: *A Micro-História e outros ensaios.* Lisboa: Difel, 1991a, p. 213-214 [original do ensaio: 1988].

_____. "Provas e possibilidades". In: *A Micro-História e outros ensaios.* Lisboa: Difel, 1991b, p. 179-202 [original: 1979].

_____. "O inquisidor como antropólogo". In: *A Micro-História e outros ensaios.* Lisboa: Difel, 1991c [original: 1989].

_____. "O Nome e o Como – Troca desigual e mercado historiográfico". In: *A Micro-História e outros ensaios.* Lisboa: Difel, 1989.

GUSDORF, G. "Connaissance Interdisciplinaire". In: *Encyclopaedia Universalis.* Vol. VIII. Paris: Encyclopaedia Universalis France, 1986, p. 1.086-1.090.

_____. "Passé, présent, avenir de la recherche interdisciplinaire". *Revue Internationale des Sciences Sociales,* vol. 29, n. 4, out.-dez./1977, p. 627-649.

HAGSTROM, W.O. *The Scientific Community.* Nova York: Basic Books, 1965.

HARTOG, F. *Os Antigos, o Passado e o Presente.* Brasília: UnB, 2003.

HERÓDOTO. *História.* Brasília: UnB, 1988.

ISAACSON, W. *Leonardo da Vinci.* Rio de Janeiro: Intrínseca, 2017.

JAEGER, W. *Paideia*: a formação do homem grego. São Paulo: Martins Fontes, 1986 [original: 1939-1944].

JAPIASSU, H. *O sonho transdisciplinar e as razões da filosofia*. Rio de Janeiro: Imago, 2006.

_____. *Interdisciplinaridade e patologia do saber*. Rio de Janeiro: Imago, 1976.

JOLLIVET, M. (org.). *Sciences de la nature, sciences de la societé*: les passeurs de frontiers. Paris: CNRS, 1992.

HORN, T.C. & RITTER, H. "Interdisciplinary history: A historiographical review". *History Teacher*, vol. 19, n. 3, 1986, p. 427-448.

KAKU, M. *The Universe is a Symphony of Strings* [Disponível em http//bigthink.com/dr-kakus-universe/the-universe-is-a-symphony-of-vibrating-strings].

KANDINSKY, W. *Do espiritual em arte e na pintura em particular*. São Paulo: Martins Fontes, 1996 [original: 1912].

KLEIN, J.T. "Ensino Interdisciplinar: Didática e Teoria". In: FAZENDA, I. (org.). *Didática e Interdisciplinaridade*. Campinas: Papirus, 1998.

_____. *Crossing Boundaries*: Knowledge, Disciplinarities and Interdisciplinarities. Charlottesville: University Press of Virginia, 1996.

_____. *Interdisciplinarity* – History, Theory & Practice. Detroit: Wayne State University, 1990.

KOCKELMANS, J. (org.). *Interdisciplinarity and higher education*. Pittesburgo: The Pennsylvania State University Press, 1979, p. 93-122.

KONDER, L. *Fourier*: o socialismo do prazer. Rio de Janeiro: Civilização Brasileira, 1998.

KOSELLECK, R. *Futuro Passado* – Contribuição à semântica dos tempos históricos. Rio de Janeiro: Contraponto, 2006 [original: 1979].

KUHN, T. *A estrutura das revoluções científicas*. São Paulo: Perspectiva, 2003 [original: 1962].

_____. "Comment on the Relations of Science and Art". In: *The Essential Tension* – Selected studies in scientific tradition and change. Chicago: The University of Chicago Press, 1969.

LANGLOIS, C.V. & SEIGNOBOS, C. *Introdução aos estudos históricos*. São Paulo: Renascença, 1944 [original: 1898].

LARAIA, R.B. *Cultura*: um conceito antropológico. Rio de Janeiro: Zahar, 1986.

LEFEBVRE, H. *Critique de la vie quotidienne*. Paris: L'Arche, 1958 [original: 1945].

LE GOFF, J. & NORA, P. (orgs.). *História*: novos problemas, novas abordagens, novos objetos. 3 vols. Rio de Janeiro: Francisco Alves, 1988.

LENOIR, Y. "Quelle interdisciplinarité à l'école?" In: *Les Cahiers Pédagogiques*, jul./2015, p. 4-8.

_____. "Três interpretações da perspectiva interdisciplinar em Educação em função de três tradições culturais distintas". In: *Revista E-Curriculum*, vol. 1, n. 1, dez./2005-jul./2006. São Paulo.

_____. "Didática e interdisciplinaridade: uma complementaridade necessária e incontornável". In: FAZENDA, I. (org.). *Didática e Interdisciplinaridade*. Campinas: Papirus, 1998.

LENOIR, Y. & SAUVÉ, L. "Introduction – L'inter-disciplinarité et la formation à l'enseignement primaire et secondaire: quelle interdisciplinarité pour quelle formation?" In: *Revue des Sciences de l'Éducation*, vol. 24, n. 1, 1998, p. 3-29.

LE ROY LADURIE, E. *Montaillou*: povoado occitânico (1294-1324). São Paulo: Companhia das Letras, 1997 [original: 1975].

_____. *Le territoire de l'historien*. Paris: Gallimard, 1973.

_____. *Histoire du climat*. Paris: Flammarion, 1967.

LÉVI-STRAUSS. *O cru e o cozido*. Rio de Janeiro: Cosac & Naify, 2010 [Mitológicas, I] [original: 1964].

MARX, K. *Manuscritos econômico-filosóficos*. São Paulo: Nova Cultural, 1991 [original: 1844].

_____. "O fetichismo da mercadoria". In: *O capital*: crítica da economia política. Rio de Janeiro: Civilização Brasileira, 1971, p. 64-112 [original: 1867].

MARX, K. & ENGELS, F. *A Ideologia Alemã*. Vol. I. São Paulo: Martins Fontes, 1980 [original: 1846].

MAYR, E. *O desenvolvimento do pensamento biológico*. Brasília: UnB, 1998.

MENDELSOHN, E. "The biological sciences in the nineteenth century: some problems and sources". In: *History of Science*, 3, 1964, p. 39-59.

MENEZES, E.T. & SANTOS, T.H. "Multidisciplinaridade". In: *Dicionário Interativo da Educação Brasileira*. São Paulo: Midiamix, 2002.

MORIN, E. *Introdução ao pensamento complexo*. Porto Alegre: Sulina, 2007.

_____. "A antiga e a nova transdisciplinaridade". In: *Ciência com consciência*. Rio de Janeiro: Bertrand Brasil, 2005, p. 135-140 [original: 1990].

_____. *O problema epistemológico da complexidade*. Lisboa: Europa-América, 1983.

MORIN, E. (org.). *A religação dos saberes* – O desafio do século XXI. Rio de Janeiro: Bertrand Brasil, 2002.

MORIN, E.; NICOLESCU, B. & FREITAS, L. *Carta da Transdisciplinaridade*. Lisboa: Unesco, 1994 [1º Congresso Mundial de Transdisciplinaridade].

NASH, R. "American Environmental History – A New Teaching Frontier". *Pacific Historical Review*, vol. 41, 1972, p. 362-377.

NAVEH, Z. "What is holistic landscape ecology – A conceptual introduction". In: *Landscape and Urban Planning*, vol. 50, 2000, p. 7-26.

NEUBERGER, H. "Climate in Art". In: *Weather*, n. 25, 1970, p. 46-56.

NICOLESCU, B. "Um novo tipo de conhecimento: transdisciplinaridade". In: *Educação e transdisciplinaridade*. Brasília: Unesco, 2000.

_____. *Manifesto da Transdisciplinaridade*. São Paulo: Trion, 1999 [original: 1996].

NOIRIEL, G. *Sur la crise de l'histoire*. Paris: Belin, 1996.

NIETZSCHE, F. "Sobre a utilidade e desvantagens da História para a Vida". In: *Escritos sobre a História*. São Paulo: Loyola, 2005 [original: 1873].

_____. *Assim falou Zaratustra*. São Paulo: Círculo do Livro, 1976 [original: 1883-1885].

OKI, M.C.M. "Controvérsias sobre o atomismo no século XIX". In: *Química Nova*, vol. 32, n. 4.

OLIVEIRA, A.M. *Schenberg* – Crítica e criação. São Paulo: Edusp, 2011.

ORTEGA Y GASSET. *La rebelion de las massas*. Madri: Revista de Occidente, 1970 [original: 1929].

PÉTRIE, H.G. "Interdisciplinarity education: Are we face with insurmountable opportunities?" In: *Review of Research in Education*, n. 18, 1992, p. 299-333.

PIAGET, J. "Méthodologie des relations interdisciplinaires". *Archives de Philosophie*, n. 34, 1972, p. 539-549.

_____. *Problemas gerais da investigação interdisciplinar e mecanismos comuns*. Paris: Bertrand, 1970.

PINEAU, G. & PAUL, P. *Transdisciplinarité et Formation*. Paris: Harmattan, 2007.

POMBO, O. "Epistemologia da Transdisciplinaridade". In: *Ideação*, vol. 10, n. 1, 2008, p. 9-40.

_____. "Problemas e perspectivas da Interdisciplinaridade". In: *Revista de Educação*, vol. IV, n. 1/2, 1994, p. 3-11.

_____. "A Interdisciplinaridade como Problema Epistemológico e como Exigência Curricular". In: *Inovação*, vol. VI, n. 2, 1993, p. 173-180.

POMBO, O.; GUIMARÃES, H.M. & LEVY, T. (orgs.). *Interdisciplinaridade*: Antologia. Porto: Campo das Letras, 2006.

PORTELLA, E. (org.). *Entre savoirs* – L'interdisciplinarité en acte: enjeux, obstacles, perspectives. Toulouse: Ères, 1991.

PRICE, D.J. & BEAVER, B. "Colaboração em um colégio invisível". In: *American Psychologist*, XXI, 1966, p. 1.011-1.018.

PROST, A. *Doze lições sobre a História*. São Paulo: Autêntica, 2008 [original: 1996].

RADEST, H.B. "On interdisciplinary education". In: HOOK, S.; KURTZ, P. & TODOROVICH, M. (orgs.). *The philosophy of the curriculum*: The need for general education. Búfalo: Prometheus, 1975, p. 227-233.

REIS, J.C. "O surgimento da Escola dos *Annales* e o seu programa". In: *Escola dos Annales* – A inovação em História. Rio de Janeiro: Paz e Terra, 2000, p. 65-90.

ROBIN, R. *História e Linguística*. São Paulo: Cultrix, 1977.

RORTY, R. *The Linguistic Turn*. Chicago: Chicago University Press, 1992 [original: 1966].

ROSENBLUM, B. & KUTTNER, F. *O Enigma Quântico* – O encontro da física com a consciência. Rio de Janeiro: Zahar, 2017.

SABATIER, F. *Mirois de la Musique*. Paris: Fayard, 1998.

SANTOMÉ, J.T. *Globalização e Interdisciplinaridade* – O currículo integrado. Porto Alegre, Artmed, 1998.

SCHILLER, J. "Physiology's struggle for independence in the first half of the nineteenth century". *History of Science*, 7, 1968, p. 64-89.

SILVA, G. "História e Linguística: algumas reflexões em torno das propostas que aproximam a Análise de Discurso". In: *Saeculum*, vol. 11, 2004, p. 28-40.

SOMMERMAN, A. et al. (orgs.). *Educação e Transdisciplinaridade II*. São Paulo: Triom, 2002.

SNOW, C.P. *As duas culturas e uma segunda leitura*: uma versão ampliada das duas culturas e a revolução científica. 2. ed. São Paulo: Edusp, 1995.

SQUIRES, G. "Interdisciplinarity in higher education in the United Kingdom". In: *European Journal of Education*, vol. 27, n. 3, 1992, p. 201-210.

STICHWEH, R. *Études sur la genèse du système scientifique moderne*. Lille: Presses Universitaires de Lille, 1991.

SWOBODA, W. "Disciplines and interdisciplinarity: A historical perspective". In: KOCKELMANS, J. (org.). *Interdisciplinarity and higher education*. Pitesburgo: The Pennsylvania State University Press, 1979, p. 93-122.

THIERRY, A. *Letres sur les histoire de France*. Paris: Le Courrier Français, 1820.

THOMPSON, E.P. "Folclore, Antropologia e História Social". In: *As peculiaridades dos ingleses e outros artigos*. São Paulo: Unicamp, 2001, p. 254-255 [original: 1977].

TUAN, Y.-F. *Espaço e lugar*. São Paulo: Difel, 1983 [original: 1979].

_____. "Space and place: humanistic perspective". In: GALE, S. & OLSSON, G. (orgs.). *Philosophy in Geography*. Dordrecht: Reidel, 1979, p. 387-427.

TYLOR, E.B. "A ciência da cultura". In: CASTRO, C. (org.). *Evolucionismo cultural: textos de Morgan, Tylor e Frazer* – Textos selecionados, apresentação e revisão. Rio de Janeiro: Zahar, 2005, p. 67-99.

UNESCO. *Ciência e tradição*: perspectivas transdisciplinares para o século XXI – Comunicado final. Paris: Unesco, 1991.

_____. *Interdisciplinarité et sciences humaines*. Paris: Unesco, 1983.

VEYNE, P. *Como se escreve a História*. Brasília: UnB, 1982 [original: 1971].

VILAR, P. *Une histoire em construction* – Approche marxiste et problematiques conjoncturelles. Paris: Gallimard/Seuil, 1982.

WALLERSTEIN, I. "The Time of Space and the Space of Time: The Future of Social Science". *Political Geography*, XVII, 1, 1998, p. 71-82.

WEBER, M. *A objetividade do conhecimento nas Ciências Sociais*. São Paulo: Ática, 2008 [original: 1904].

_____. *Os fundamentos racionais e sociológicos da Música*. São Paulo: Edusp, 1995 [original: 1911].

_____. *The City*. Londres: Collier-MacMillan, 1966.

WEHLING, A. "Historiografia e Epistemologia Histórica". In: MALERBA, J. (org.). *A História escrita*. São Paulo: Contexto, 2006, p. 175-187.

WEINGART, P. "Interdisciplinarity: the paradoxical discourse". In: WEINGART & STEHR (orgs.). *Practising Interdisciplinarity*. Toronto: University of Toronto Press: 2000, p. 25-45.

WHITE, H. *A Meta-História* – A imaginação histórica no século XIX. São Paulo: Edusp, 1982 [original: 1973].

WORSTER, D. "Para fazer história ambiental". In: *Estudos Históricos*, vol. 4, n. 8, 1991, p. 198-215.

_____. "Doing Environmental History". In: WORSTER, D. (org.). *The Ends of the Earth*: perspectives on Modern Environmental History. Nova York: Cambridge University Press, 1989, p. 289-307.

ZAGORIN, P. "Historiografia e Pós-modernismo: reconsiderações". In: *Topoi*, mar./2001, p. 137-152. Rio de Janeiro [original: 1990].

ZIMBARDO, P.G. & GERRIG, R.J. *Psychologie*. Munique: Pearson, 2004.

CULTURAL

Administração
Antropologia
Biografias
Comunicação
Dinâmicas e Jogos
Ecologia e Meio Ambiente
Educação e Pedagogia
Filosofia
História
Letras e Literatura
Obras de referência
Política
Psicologia
Saúde e Nutrição
Serviço Social e Trabalho
Sociologia

CATEQUÉTICO PASTORAL

Catequese
 Geral
 Crisma
 Primeira Eucaristia

Pastoral
 Geral
 Sacramental
 Familiar
 Social
 Ensino Religioso Escolar

TEOLÓGICO ESPIRITUAL

Biografias
Devocionários
Espiritualidade e Mística
Espiritualidade Mariana
Franciscanismo
Autoconhecimento
Liturgia
Obras de referência
Sagrada Escritura e Livros Apócrifos

Teologia
 Bíblica
 Histórica
 Prática
 Sistemática

REVISTAS

Concilium
Estudos Bíblicos
Grande Sinal
REB (Revista Eclesiástica Brasileira)

VOZES NOBILIS

Uma linha editorial especial, com importantes autores, alto valor agregado e qualidade superior.

VOZES DE BOLSO

Obras clássicas de Ciências Humanas em formato de bolso.

PRODUTOS SAZONAIS

Folhinha do Sagrado Coração de Jesus
Calendário de mesa do Sagrado Coração de Jesus
Agenda do Sagrado Coração de Jesus
Almanaque Santo Antônio
Agendinha
Diário Vozes
Meditações para o dia a dia
Encontro diário com Deus
Guia Litúrgico

CADASTRE-SE
www.vozes.com.br

EDITORA VOZES LTDA.
Rua Frei Luís, 100 – Centro – Cep 25689-900 – Petrópolis, RJ
Tel.: (24) 2233-9000 – Fax: (24) 2231-4676 – E-mail: vendas@vozes.com.br

UNIDADES NO BRASIL: Belo Horizonte, MG – Brasília, DF – Campinas, SP – Cuiabá, MT
Curitiba, PR – Fortaleza, CE – Goiânia, GO – Juiz de Fora, MG
Manaus, AM – Petrópolis, RJ – Porto Alegre, RS – Recife, PE – Rio de Janeiro, RJ
Salvador, BA – São Paulo, SP